If you ASK MORE, you will GET MORE!
요청의 힘으로 더 큰 성공을 이루시기를

_____님께

_____드림

요청의 힘
POWER OF ASKING

요청의 힘

초판 1쇄 발행 | 2014년 3월 17일
초판 7쇄 발행 | 2023년 1월 10일

지은이 | 김찬배
주간 | 김미성
편집장 | 황영선
편집 | 이경은, 이홍우, 이효주
디자인 | 여혜영
마케팅 | 김현관
펴낸곳 | 올림
주소 | 07983 서울시 양천구 목동서로 77 현대월드타워 1719호
등록 | 2000년 3월 30일 제2021-000037호(구:제20-183호)
전화 | 02-720-3131 | 팩스 | 02-6499-0898
이메일 | pom4u@naver.com
홈페이지 | http://cafe.naver.com/ollimbooks

ISBN | 978-89-93027-57-0 03320

이 도서의 국립중앙도서관 출판시도서목록(CIP)은 서지정보유통지원시스템 홈페이지(http://seoji.nl.go.kr)와 국가자료공동목록시스템(http://www.nl.go.kr/kolisnet)에서 이용하실 수 있습니다.(CIP제어번호: CIP2014007757)

요청의 힘

김찬배 지음

올림

요청하면 이루어진다

졸저 ≪키맨 네트워크≫를 출간한 이후 기업과 단체에서 네트워킹과 관련한 강의 요청을 꽤 많이 받았다. 그때마다 '요청'의 중요성을 설명하고 관련 예화들을 소개하며 누구나 요청을 통해 운명을 바꿀 수 있다는 사실을 강조했다. 강의를 듣는 사람들의 눈동자가 유난히 빛나는 것을 보았다. 강의가 끝나고 나면 요청에 관한 내용이 가장 감동적이었다고 말하는 이들이 많았다.

사실 요청은 대다수 사람들에게 어려운 과제로 다가온다. 무엇보다 거절에 대한 두려움이 크고, 마땅한 상대를 찾기도 쉽지 않다. 어떻게 해야 할지 방법을 몰라 망설이는 경우도 적지 않다. 그래서 요청은 비범함과 평범함, 성공과 실패를 좌우하는 매우 중요한 요소가 된다.

경제 기적을 이루어낸 우리 대한민국의 역사는 요청의 역사라 해도 과언이 아니다. 자원도, 돈도, 기술도 없었지만, 대통령부터 기업가들에 이르기까지 온갖 곤경을 감수하면서 외국 차관을 끌어오고 선진 기술을 도입하기 위해 갖은 애를 썼다. 그들의 요청이 없었다면 오늘날 우리가 누리는 풍요는 불가능했을 것이다.

요청이 국가를 살리고, 기업을 살리고, 개인을 살린다. 지금도 마찬가지다. 경제난이다, 취업난이다 하여 모두가 어려움을 하소연하고 있지만, 어떤 청년들은 이렇다 할 스펙 하나 없이도 당당하게 원하는 기업을 찾아가 자신의 가치를 보여주고 도움을 요청하여 취업에 성공한다. 사업 실패로 벼랑 끝에 몰렸지만 다시 한 번 용기를 내서 도와줄 사람을 찾아 집요하게 도움을 요청하여 멋지게 재기에 성공하는 사람들도 있다. 학비를 지원해줄 수 없는 부모님을 탓하지 않고 스스로 주변에 도움을 요청하여 학업을 이어가 해외 유명 대학에 입학하는 학생들도 있다. 그런가 하면 죽어가는 사람을 위한 누군가의 따뜻한 요청이 수천, 수만의 사람을 살리기도 한다.

창조경제가 화두로 부상하고 있다. '이스라엘을 배우자', '한국의 스티브 잡스를 키워야 한다'는 이야기들이 들려온다. 그런데 창조가 요청에서 비롯된다는 사실을 아는가?

유대인들은 어렸을 때부터 둘씩 짝을 지어 토론을 벌이며 공부하는 '하브루타(havruta)'라는 탈무드식 교육을 통해 상대방에게 질문하고 요청하는 일을 자연스럽게 체득한다. 이러한 교육 환경이 성장하면서 상대방의 의견을 존중하고 경청할 줄 알며 겸손하게 도움을 주고받을 수 있는 능력을 키워 창조의 밑바탕을 형성하고 있었던 것이다. 스티브 잡스 또한 어렸을 적부터 도움이 필요하면 누구에게든 도움을 요청할 줄 아는 사람이었다. 그러한 경험과 실패를 통해 체득한 지혜들이 쌓여 창조와 혁신의 싹을 틔워나갔기에 빛나는 혁신 제품을 만드는 주인공이 될 수 있었다.

지금의 우리 사회도 요청을 절실히 필요로 하고 있다. 성적 지상주의 경쟁 속에서 병들어가는 학생들에게 창의성을 키워주고, 힘들어하는 젊은이들에게 희망과 도전의 기회를 주며, 비즈니스맨들에게 기업가 정신을 불어넣어 세계 시장에서 당당하게 인정받을 수 있는 창조경제의 주역이 될 수 있게 해야 한다.

요청이 이러한 일들을 가능하게 한다. 지식과 기술이 고도로 발달하고 다양한 영역의 융합과 협업이 요구되는 시대에 고독한 천재가 할 수 있는 일은 극히 제한적일 수밖에 없으며, 다른 분야의 전문가들과 소통하면서 협력을 이끌어낼 수 있는 능력을 갖출 때 비로소 당면한 과제를 뛰어넘어 새로운 창조의 시대를 열 수 있다. 이때 필요한 것이 바로 요청이다.

이 책을 내는 데 여러 분의 도움을 받았다. 먼저 이성수 올림 대표. 어느 날 모임에서 우연히 만나 대화를 나누다가 '요청'에 관한 책을 쓸 계획이라고 했더니, 마침 자신도 그런 주제에 관해 책을 쓸 필자를 찾고 있었다면서 나중에 참고도서까지 보내오셨다. 하나님이 올림에서 이 책을 출판하라고 예비해놓으셨다는 생각이 들었다. 좋은 만남에 감사드린다.

책이 잘 써지는지 매번 묻고 기도하고 격려해주시는 분들, 책이 나오면 기꺼이 사주겠다며 응원해주시는 분들, 책을 쓰는 동안 무척 신경이 쓰였을 법한데 묵묵히 지켜보며 뒷바라지를 해준 나의 영원한 친구이자 아내인 현자, 그리고 아빠 책이 잘돼서 더 유명해졌으면 좋겠다는 한별과 한솔이에게도 감사와 사랑의 마음을 전한다. 나의 강의를 경청해주고 감동했다며 기꺼이 자신의 사례를 들려주고 힘을 불어넣어준 대한민국의 위대한 직장인들에게도 진심으로 감사드린다.

부디 이 책이 절망, 실패, 좌절, 양극화, 저성장, 불경기라는 부정적 언어들로 가득 찬 우리 사회가 희망, 성공, 도전, 상생, 고성장, 호경기라는 긍정의 사회로 바뀌는 데 조금이나마 도움이 되기를 소망한다.

김찬배

차 례

요청하는 사람이 성공한다

기적을 낳는 요청의 기본 법칙

어떻게 요청할 것인가
요청의 성공률을 높이는 12가지 방법

친구는 왜 말없이
떠났을까?

2007년, 가장 친했던 친구를 하늘로 보냈다. 아주 건강한 친구였는데, 어느 날 건강검진에서 말기 암이라는 판정을 받았다. 수술을 시도했지만 온 장기에 암이 전이되어 몇 달밖에 살 수 없다고 했다.

친구는 평소 성실하고 신앙심이 깊었지만 무뚝뚝한 성격이어서 좀처럼 마음을 표현하는 법이 없었다. 암 판정을 받고 나서도 그랬다. 부모님과 아내, 자녀들에게 '고생한다'거나 '고맙다'는 말 한마디 없이 짜증을 내고 툴툴거렸다. 옆에서 보기에, 가족들은 환자가 아파서 그러겠거니 하고 이해하면서도 한편으로는 섭섭하겠다는 생각이 들 것 같았다.

장기간의 항암치료로 온몸이 퉁퉁 붓고 팔에는 주사바늘 자국이 셀 수 없을 정도여서 옆에서 보기가 안쓰러웠다. 친구의 마지막이 많이 남지 않아 보였다.

친구로서 가족들한테 지금처럼 행동해서는 안 된다고 말하고 싶었지만, 아픈 친구의 얼굴을 보면서 그런 말을 한다는 것이 참 어려웠다. 그래서 요청의 편지를 썼다.

H에게

너에게 할 말은 많지만, 너의 얼굴을 보면 할 말이 없다.

너의 소식을 들었을 때 참 많은 생각을 했다. 하나님은 어째서 착하디착한 너에게 이런 시련을 주시는지 원망도 해보았다. 그러나 지금 우리에게 중요한 것은 현실을 직시하는 것이라는 생각이 든다.

너에게 직접 말로 하기가 어려워 이렇게 글로 쓴다. 아마도 태어나서 너에게 쓰는 가장 긴 글이 될지도 모르지만, 그동안 너에게 해주고 싶었던 이야기를 써보고 싶다.

어제 너의 재입원 소식을 듣고 다시 한 번 충격을 받았다. 하지만 낙담만 하고 있을 수는 없는 일 아닌가. 지금부터 너와 우리가 해야 할 일이 있을 것 같다는 생각에 강원도와 서울을 왔다 갔다 하면서 여러 가지 상념들이 뇌리를 스쳐갔다.

(중략)

우리는 모두 언젠가는 이 세상을 떠날 수밖에 없는데, 누가 과연 가족들에게 "나 때문에 행복했니?"라고 자신 있게 말할 수 있을까? 나는 남들에게 어떤 사람으로 평가받을 수 있을까? 이런저런 생각을 하면서 죽는 것도 아름다울 수 있겠다는 생각이 들기도 했다.

(중략)

H야!

이제 네가 할 일이 있다.

그래서는 안 되겠지만, 너에게 마지막 순간이 찾아왔을 때 너의 가족들과 너를 아는 사람들이 네가 어떤 사람이었다고 평가해주기를 바라니? 병상에 누워 동정만 받다가 갔다는 평가를 받고 싶지는 않겠지? 몸은 아팠지만 감동을 남겨준 사람으로 기억될 수 있다면 좋지 않을까? 너의 마지막이 귀감이 되고 영원히 사람들의 기억 속에 감동적인 존재로 남을 수 있도록 오늘부터 이벤트를 시작해보면 어떨까? 네가 결단만 하면 그 모든 것이 가능하다고 나는 믿는다.

먼저 가족들에게 감사했으면 좋겠다. 먼저 너를 있게 한 부모님께 감사의 말을 드렸으면 한다. "아버지 어머니, 감사했습니다" 하며 한번 안아드리면 어떨까? 애들 엄마에게는 미처 다하지 못한 감사와 사랑의 마음을 전하며 키스해주면 어떨까? 절을 하는 것도 좋을 것 같구나. 아이들에게도 "너희들이 있어 행복했다"고 고마움을 표시하면 좋을 것 같다.

그리고 할 수 있다면 너와 함께했던 사람들에게 문자메시지라도 보내서 그동안의 사랑과 배려에 감사하다는 말을 전하면 어떨까? 미워한 사람들이 있었다면 그들에게도 사과와 용서를 구하는 것이 좋을 것 같다.

너의 신체를 기증하는 것도 좋은 일이라 생각한다. 나는 벌써 내 장기를 기증하기로 서약했다. 그래서 나는 죽어도 영원히 살 수 있다. 누군가의 심장이나 눈을 통해 나는 영원히 살아갈 것이기 때문이다. 나의 침상을 죽은 자의 것이 아니라 산 자의 것으로 만드는 축제를 펼치며 이 세상을 떠나는 것이 나의 마지막 사명이라고 생각한다.

쑥스러워하지 말고 오늘부터 당장 시작해보면 어떨까? 울지 말고 웃으면서 말이다. 병상에 있는 네가 할 수 있는 가장 아름다운 일이 아닐까?

짜증을 내고 절망한다고 해서 현실을 바꿀 수는 없는 법. 지금 너에게 가족들을 걱정하는 것보다 더 중요한 것은 감동과 추억을 남기는 일이 아닐까?

이 글을 쓰기 시작할 때는 마음이 착잡했지만 마지막이 다가오니 오히려 용기가 난다. 너의 변화된 모습을 상상해본다. 나에게 문자 한번 보내는 것으로 너의 이벤트를 시작해보려무나.

얼마 전 영어 성경을 읽다가 너에게 전하는 하나님의 음성을 느꼈다.

Your will to live can sustain you when you are sick, but if you lose it, your last hope is gone(네가 아플 때 살고자 하는 의지가 있으면 너는 살 수 있다. 그러나 그 의지를 잃으면 너의 마지막 희망은 사라진다).

* 성경은 하나님 자신(I)을 강조하지 않고 너(You)를 강조하셨다.

2006년 9월 16일 밤
너의 친구 찬배

다음 날 병원에 가서 친구에게 편지를 전해주며 내가 가고 나면 읽어보라고 부탁했다. 병원을 나와서 집으로 오는데, 친구에게서 아무런 문자도 오지 않았다. 얼마 후 다시 병원에 들렀지만, 친구는 편지에 대해 일언반구도 없었다.

어느 날, 병문안을 갔더니 친구는 내가 보기에도 시간이 얼마 남지 않은 것 같다는 생각이 들 정도로 기력이 쇠해 보였다. 무거운 마음으로 돌아오는 길에 친구 딸의 전화를 받았다.

"아버지가 돌아가셨어요."

황망했다. 장례식장에 도착하니 친구 어머니가 "어떻게 한마디도 하지 않고 갈 수 있어. 그게 너무 섭섭해" 하시며 통곡을 했다. 친구 아내도 "어떻게 병원에 있는 동안 이래라 저래라 한마디도 안 하고 나한테 모든 짐을 넘기고 갈 수 있어요?"라며 울먹였다.

친구는 내 편지를 읽고 어떤 마음이었을까? 읽다가 찢어버린 것은 아닐까? 혹시 내게 화를 냈던 것은 아닐까? 과연 나는 친구에게 그런 요청을 할 만한 자격이 있는가? 오히려 친구에게 절망감만 준 것은 아닐까? 별의별 생각이 다 들었다.

친구를 향한 나의 마지막 요청은 그렇게 성과 없이 끝나고 말았다.

이 책을 쓰기 위해 친구에게 보냈던 편지를 7년 만에 꺼내서 다시 읽어보며 이런 생각이 들었다.

'혹시 내가 다른 방법으로 요청했다면 결과가 달라지지 않았을까?'

만일(if)을 이야기한다는 것은 부질없는 짓이지만, 그 생각을 하면 지금도 가슴이 아프고 아쉬움이 남는다.

　그때 친구를 위한 요청은 지금은 나 스스로를 향한 요청이 되었다. 언젠가 이 세상을 떠나게 될 때 친구가 가족들에게 해주기를 바랐던 행동들을 실천해서 나의 마지막이 축제가 되는, 의미 있는 그날을 만들고 싶다.

1

요청하는 사람이 성공한다
기적을 낳는 요청의 기본 법칙

POWER OF ASKING

성공은 내가 하는 것이
아니다

최근 기업 경영에서 '열린 혁신(open innovation)'에 대한 관심이 높아졌다. 지금까지의 혁신은 '닫힌 혁신(closed innovation)', 즉 내 조직에서 일하는 사람들은 매우 우수하며, 이들이 열심히 아이디어를 내고 연구개발(R&D)해서 경쟁사보다 먼저 혁신적인 상품과 서비스를 제공하면 시장에서 승리할 수 있으니 내부의 지적 자산을 잘 보호하여 경쟁에서 이겨야한다는 조직 내부 위주의 혁신이었다. 이와 반대로 열린 혁신은 우리 조직밖에도 우리만큼 혹은 우리보다 더 똑똑한 사람들이 많이 있으며, 그들이 개발한 기술 가운데 쓸모 있는 것들이 적지 않으므로 내부의 R&D 결과뿐 아니라 외부의 R&D 결과도 활용해서 최고의 아이디어를 상품화할 수 있다면 경쟁에서 이길 수 있다는 패러다임이다. 이러한 패러다임으로 위기를 극복하고 성공을 거둔 회사가 있다.

캐나다 토론토의 작은 금광회사인 골드코프는 새로운 금광을 찾지 못하면 조만간 사업을 접어야 할 정도로 경영 상태가 최악이었다. 활로를 열어줄 금광을 찾아 백방으로 노력했지만 모두가 허사였다.

이때 골드코프의 CEO 롭 매큐언은 리눅스의 오픈소스 전략의 성공에서 힌트를 얻어 '골드코프 직원들이 레드레이크 광산에서 금을 찾을 수 없다면, 누군가 다른 사람이 할 수 있지 않을까?' 생각하고 2000년 3월, '골드코프 챌린지(Goldcorp Challenge)' 콘테스트를 개최하면서 1948년부터 축적된 지질조사 데이터를 회사 웹사이트에 모두 공개했다. 회사의 중대한 기밀사항이어서 자칫 위험한 상황이 초래될 수도 있는 매우 대담한 결정이었다. 금 170톤을 찾아내는 것을 목표로 제시하고 총 57만 5,000달러의 상금을 내걸었다.

이 소식은 웹을 통해 급속하게 전파되어나갔고, 전 세계 50여 국가의 지질학자와 수학자, 컨설턴트, 대학원생 들이 참가하여 50여 년을 헤매도 발견하지 못했던 금광 후보지를 110곳이나 찾아냈으며, 목표를 훨씬 뛰어넘은 220톤의 금을 얻게 되었다. 연 1억 달러 정도의 저조한 매출을 올리던 골드코프는 90억 달러라는 경이적인 실적을 기록하면서 단번에 거물 회사로 탈바꿈했다.

≪위키노믹스≫라는 책에 소개된 내용으로, 내부 직원들만으로 해결할 수 없었던 문제를 외부의 도움으로 해결한 '열린 혁신'의 대표적인 사례라 할 수 있다.

닫힌 혁신과 열린 혁신의 패러다임은 개인 차원에서도 그대로 적용된다. 지식이 폭발적으로 증가하고 기술이 급속도로 발전하는 오늘날에 개인은 시시각각으로 직면하는 수많은 문제들을 혼자서 얼마나 해결할 수 있을까?

1988년에 입사하여 2012년까지 해마다 대우전자의 판매왕으로 이름을 날린 백숙현 씨는 3만여 명의 고객으로부터 연간 약 200억 원의 매출을 기록하여 '움직이는 대리점'이라는 별명을 얻었다. 그녀의 성공 비결은 다름 아닌, 고객을 영업사원으로 만드는 것이었다.

그녀는 일약 스타 강사가 되어 수많은 기업과 단체의 초청을 받아 강연을 했다. 그녀의 강연 중에서 아주 인상 깊은 말이 있었는데, "제가 강의하고 있는 이 순간에도 여의도 아파트의 주부 고객들은 올해도 백숙현 씨 1등 만들어줘야지 하면서 전자제품을 팔고 있다"는 것이었다. 이것이 그녀의 성공 비결이었다. 혼자 열심히 노력해서 제품을 파는 영업사원과 고객들이 나서서 팔아주는 영업사원의 격차는 하늘과 땅 차이일 수밖에 없지 않은가.

우리는 그동안 내가 열심히 공부하고 노력만 하면 성공할 수 있다는, 닫힌 혁신적 사고방식에 세뇌되어왔다. 그리고 지금도 자녀들에게 그렇게 주입시키고 있다. 하지만 이것은 성공의 답이 아니다. 오로지 '내 안에 있다(내답, 內答)'는 신념으로 최선을 다하는 것은 아름다운 일일 수 있지만, 지혜로운 일이라고 보기 어렵다. 내 밖에 나보다 더 많은 답이 있을 수 있기 때문이다. 바로 '외답(外答)'을 동원할 줄 아는 지혜가 필요하다.

성공의 답	=	내답(內答)	+	외답(外答)

이제는 성공을 재정의해야 한다.

'성공은 내가 하는 것이 아니라 남이 시켜주는 것이다.'

성공은 남이 시켜주는 것

한번은 강의를 마치고 나오는데 노신사 한 분이 다가와 커피 한 잔 할 수 있겠느냐며 자신을 소개했다. Y대 영문과 출신으로 서울의 명문 고등학교에서 영어 교사로 퇴직한 후 무료함을 달래기 위해 보험대리점을 개업한 분이었다. 그는 "오늘 강의를 듣고 이제야 내가 철이 들었습니다. 철들자 망령이라는데, 그동안 저는 제가 잘나서 성공한 줄 알았습니다. 영업을 시작하면서 성공은 내가 하는 것이 아니라 남이 시켜주는 것임을 뼈저리게 느끼고 있습니다"라고 말했다.

어느 기업체 강의에서는 팀장 한 분이 "성공은 내가 하는 것이 아니라 남이 시켜주는 것이라는 말을 듣고 전기 충격을 받는 듯했습니다"라며 자신의 소감을 말하기도 했다. 학원을 경영하다가 실패하고 자동차 영업사원으로 경력을 전환한 카마스터 한 분은 "성공은 내가 하는 것이라 믿고 살아왔고, 지금도 진리인 것처럼 자녀에게 말해왔다"고 하면서 "정말 소중한 깨달음을 주셨습니다"라며 고마워했다.

내가 만나는 사람들은 모두가 나를 도울 수 있는 잠재적 후원자들이다.

그들을 인생의 면접관으로 생각하고 최고의 친절과 정성으로 대해야 한다. 면접관이 OK해야 취업 관문을 통과할 수 있는 것처럼 다른 사람들이 나를 OK해야 더 큰 성공, 더 빠른 성공을 거둘 수 있다.

지금은 절망할 때가 아니라 요청할 때

청년 실업 문제가 풀릴 기미를 보이지 않는다. 상당수의 젊은이들이 취업이 되지 않아 학생으로 남아 있거나 아예 구직을 포기하고 비경제활동인구로 살아가는 현실을 고려하면 청년 실업은 더욱 심각한 문제로 다가온다.

지금 우리 사회는 노령화도 문제지만, 더 큰 문제는 젊은이들이 점점 더 가난해지고 활력을 잃어간다는 사실이다. 노령화 사회를 튼튼하게 뒷받침해야 할 청년들이 '88만 원 세대'가 되어 힘겨운 생활을 한 지 오래고, 해외 어학연수와 인턴 근무 등으로 사회 진입 시기가 늦춰지고 있다. 양질의 일자리는커녕 낮은 임금의 비정규직 일자리조차 구하지 못해 기성세대와 정부를 원망하고, 극단적으로 죽음의 길을 선택하는 이들도 있다. 청년 구직자 10명 중 3명 이상이 자살 충동을 느꼈다는 조사 결과도 있었다.

이 문제를 해결하는 데는 정부와 정치권 그리고 기업과 시민사회의 다각적인 노력이 필요하지만, 청년들 입장에서도 마냥 문제가 해결되기만을 기다리고 있을 수는 없다. 입사지원서를 제출하고 면접을 준비하는 것 이상으로 자기만의 스토리를 가지고 당당히 요청하여 문제를 풀어가야 한다.

▌ 스펙 없이 취직을? ▌

평소 알고 지내던 차 군이 취직을 했다면서 축하해달라고 했다. 그는 인지도가 낮은 대학을 졸업한 데다가 학업 성적도 두드러지는 편이 아니었다. 제대 후 열심히 공부를 해서 IT 분야 자격증을 취득하는 등 남다른 노력을 했지만, 토익 시험도 본 적이 없었다. 자격증 외에는 이른바 스펙으로 내세울 게 없었다. 그런 차 군을 볼 때마다 과연 취직을 할 수 있을까 염려하면서 열심히 준비하라는 격려성 멘트만 날리곤 했다. 그런데 직장을 갖게되었다는 것이다.

취업하게 된 과정을 물었더니 IT기업의 CEO 성공 스토리를 신문에서 읽은 후 그 회사가 어떤 회사인지 알아보았다고 한다. 비록 중소기업이지만 회사 설립 이후 지속적으로 성장을 해왔고, 사장의 경영 철학이 경영에 잘 반영되어 장래성이 있는 회사라는 생각이 들었다. 차 군은 이 회사의 CEO에게 "신문기사를 통해 회사와 사장님에 관해 알게 되었는데, 사장님을 존경하게 되었습니다. 한 번 만나주시면 큰 영광으로 알겠습니다"라는 내용의 장문의 편지를 보냈다. 편지를 받은 사장은 정성스럽게 편지를 쓴 학생이 어떤 사람인지 궁금했고 자신을 존경한다는 젊은이의 면담 요청을 거절하기가 어려워 찾아오라고 했다.

차 군은 약속된 날짜에 사장을 찾아가 차를 마시면서 대화를 나누었다. CEO는 "신문기사가 나간 후 나에게 편지한 유일한 사람이 바로 자네였네. 공부를 열심히 하지는 않은 것 같은데, 대화를 나눠보니 마음에 드네. 나는 화려한 스펙보다 자네처럼 도전하고 요청할 줄 아는 적극적인 사람이 필요해. 우리 회사에서 일하지"라고 하면서 그 자리에서 채용을 결정했다. 차 군은 지금 자신이 맡은 프로젝트를 성실히 수행하며 상사와 선배들로부터 인정받는 직장생활을 하고 있다.

젊은 목수들, '사고'를 치다

"요즘 젊은 사람 맞아?"라고 묻고 싶을 만큼 감동을 주는 스토리의 주인공들을 종종 보게 된다. 세상은 살길이 막막하다고 아우성이지만 당당하게 도움을 청해서 자신의 세계를 구축해나가는 청년들이 도처에 있다. 한 신문의 칼럼에 소개된 젊은 목수들도 그런 청년들이다.

작년 초 봄을 맞아 백화점 매장 개편 준비가 한창이던 어느 날이었다. 매장을 어떻게 구성할까 고민하며 여기저기 돌아다니고 있는데, 가구 매장 한쪽에서 20대 중반으로 보이는 두 젊은이가 담당 바이어와 이야기를 나누고 있었다. 유난히 앳된 그들의 모습과 티셔츠에 청바지를 입은 대학생 같은 옷차림에 호기심이 발동했다. 살짝 가까이 다가가 들어보니 '백화점에 입점하고 싶다'는 것이었다. 바이어와 아는 사이도 아니고, 누구의 소개도 받은 것 같지 않았다. 그냥 불쑥 찾아와 떼를 쓰고 있었다. 두 사람 중 나이가 많은 이는 30세로 목수이자 조그만 가구회사 사장이었고, 다른 이는 두 살 아래 동생으로 역시 목수였다. 두 젊은이는 손에 '가구매장 입점 계획서'를 들고 있었다.

담당자는 황당하다는 표정이었다. 달랑 입점 계획서 한 장과 가구 사진 몇 장만 내밀면서 백화점 입점을 요청한다는 것 자체가 이들이 얼마나 경험이 없는지를 보여주었다. 백화점은 수많은 브랜드가 고객을 잡기 위해 하루하루 치열한 생존 경쟁을 벌이는 곳이다. 경기도 파주 헤이리에 있다는 그들의 작은 공방 사진 한 장만 보고서 바이어가 매장 공간을 내주기란 쉽지 않은 일이다.

나는 그들의 당돌함이 싫지 않았다. 꾸밈없는 모습과 무모해 보일 정도의 당당함, 무엇보다 서류를 들고 온 거친 '손'에 믿음이 갔다. 긁히고 찍힌 흉터가 남아 있었고, 외모와 달리 손바닥 전체에 굳은살이 박인 단단한 손이었다. 두 젊은이의 '꿈'에 베팅해보기로 했다. 가구 담당 바이어를 설득해 언제든 실적이 좋지 않으면 나가야 한다는 일종의 조건부로 귀퉁이의 작은 매장을 하나 배정하기로 했다.

백화점 입점 후 그들이 보여준 성과는 놀라웠다. 공장에서 똑같이 찍어내는 균일한 품질, 똑같은 모습의 상품과 달리 그들의 가구에는 억지로 다듬지 않은 '날것'의 매력이 있었다. 목재의 결을 그대로 살리면서 자연스러운 질감과 나무의 향을 제품에 고스란히 녹여내 사람들의 마음을 사로잡았다. 무엇보다 그들은 매번 다른 가구를 만들어냈다. 불과 반년도 안 되어 같은 층 가구 브랜드들 중에서 매출 1, 2위를 다투는 '스타 매장'으로 떠올랐다.

그러다 얼마 지나지 않아 이들은 진짜 '사고'를 쳤다. 돌연 백화점에서 철수하겠다고 선언한 것이다. 이유인즉슨, "팔리는 상품이 너무 많아 제대로 된 가구를 만들 수 없다"는 것이었다. 장사가 잘되어서 나가겠다는 사람은 30년 가까이 유통업에 종사하는 동안 처음 봤다. 이해할 수 없었지만 말릴 수도 없었다. 두 청년은 그렇게 "제대로 된 가구를 만들 수 있을 때 다시 돌아오겠다"며 매장을 철수해버렸다.

그리고 반년 뒤 두 젊은 목수는 거짓말처럼 다시 나타났다. 한데 이들은 더 이상 작은 공방의 점주가 아니었다. 체계가 제대로 잡힌 어엿한 가구회사의 사장과 임원이 되어 있었다. 그 짧은 기간 동안 서울 홍대 앞과 강남에 매장을 냈고 부산에 공장까지 세웠다고 했다. 직원도 13명이나 되었다. 그들은 백화점에 이야기한 다시 돌아오겠다는 약속을 지켰고, 제대로 된 가구를 만들겠다는 스스로와의 약속도 지켜냈다.

(중략)

오늘도 매장을 둘러보며 멀리서 가구 매장을 바라본다. 젊은 목수들은 여전히 대패와 망치로 깎고 다듬은 목재의 거친 표면 위에서 자신들의 꿈을 개척하고 있다. 이런 젊은이들이 점점 많아지는 모습을 보고 싶다.

양창훈 현대아이파크몰 대표(조선일보 2013. 9. 25)

수제 원목가구를 만드는 아이니드(www.ineed.or.kr)의 대표인 장민수, 장진수 형제에 관한 이야기다. 형 장민수 대표는 대학에서 산업공학을 전공한 후 현장에서 목수로 일했던 경험을, 동생 장진수 대표는 고등학교를 졸업하고 의류유통 분야에서 일했던 경험을 합쳐 공방을 시작했다고 한다. 그들이 경영하는 회사 홈페이지에 들어가보았다. 소개란에는 회사 자랑 하나 없이 이렇게만 쓰여 있다.

아이니드는 젊은 노동력을 만들어나갑니다.
언제부터인가 대부분의 사람들이 노동을 기피하고
낮게 보기 시작했으며
정작 필요한 젊은 노동력은 사라지고 우리의 아버지 세대 혹은
그 위 세대 분들이 이 시대의 역할을 대신하고 있습니다.

아이니드는 이 사회의 젊은 인재와 함께하며 단순하게 가구를 만드는
브랜드 이상으로서 사회, 문화적 인식을 바꾸겠습니다.

아이니드가 젊은 인재를 채용합니다.
기술과 경험보다는 열정과 꿈이 있는 젊은 여러분들의
많은 관심 부탁드립니다.

젊은 목수들이 무슨 생각을 가지고 가구를 만들고 있는지, 그리고 그들이 만들어갈 미래가 무엇인지를 엿볼 수 있다. 자신들과 같은 열정과 꿈이 있는 젊은이들을 키워내고자 하는 두 젊은 목수들의 미래가 기대된다.

당당하게 요청할 줄 알았던 두 젊은 목수. 이들이야말로 한국판 스티브 잡스이며, 이 땅의 청년들이 어떻게 미래를 개척해나가야 할지를 보여주는 살아 있는 모델이다. 이 땅에 제2, 제3의 젊은 목수들이 출현하기를 간절히 바란다. 지금은 절망할 때가 아니라 요청할 때다.

절망을 희망으로 바꾼 '도와주세요'

대학생들 가운데 절반이 학자금 대출을 받아 등록금을 마련하고 있다고 한다. 그나마 대출이라도 받을 수 있다면 행복한 일일지 모른다. 대출조차 받을 수 없어 학업의 길을 포기하는 학생들도 많기 때문이다. 하지만 벼랑 끝 상황에서도 결코 포기하지 않고 도움을 요청하여 당당하게 고난을 극복해내는 학생들이 있다.

어느 날 내가 다니는 인천중앙교회의 김명완 담임목사께서 한 청년의 문자를 받았다. 형제가 현재 신학을 공부하고 있는데, 어머니의 사고와 아버지의 사업 부도로 인한 엄청난 빚 때문에 공부를 포기해야 하는 것은 물론 가정까지 무너질 위기에 처했으니 도와달라는 내용이었다.

김 목사도 처음에는 반신반의했다. 간혹 이런 문자로 장난을 치는 사람들이 있기 때문이다. 하지만 사연에 진정성이 있어 보여 문자에 언급된 교회에 전화해보니 그곳의 담임목사가 "그 청년이 지금 정말로 어려우니 도와주시면 큰 힘이 될 것"이라고 말했다.

청년의 사연은 이랬다.

치킨 배달을 나갔다가 교통사고를 당한 어머니, 연이은 사업 실패에 이어 사기 피해까지 당한 아버지, 그사이에 눈덩이처럼 늘어난 빚, 이를 해소해보려고 핸드폰 케이스 노점상으로 나선 두 형제…. 하지만 형제의 노력에도 불구하고 연체이자를 갚는 것조차 버거웠다. 빚쟁이가 되어 모든 것을 잃어버릴 처지에 놓였다. 친척들을 찾아가 무릎을 꿇고 "연체이자만 도와주시면 나머지는 일을 하면서 벌어 갚겠다"고 사정했지만 차갑게 거절을 당했다. 작은아버지는 "신학 때려치우고 돈이나 벌라"며 혼내듯이 충고했다. 동생은 차라리 죽고 싶다고 말했다.

마지막이라는 생각으로 교단의 교회 주소록에 나와 있는 목회자 명단 중에서 임의로 60여 분에게 문자를 보내 도움을 요청했다. 대부분의 목사들은 답장이 없었다. 유일한 답장은 "신학 그만두고 노동이라도 해서 벌어라"였다. 두 형제는 '그래, 이제 신학 그만두고 돈을 벌자'며 자포자기의 상태에 빠졌다.

그때 김명완 목사로부터 전화가 걸려왔다. 김 목사는 사랑이 많은 따뜻한 분으로, 청년으로부터 그간의 사연을 듣고 눈물을 흘리며 그를 위해 간절히 기도해주었다. 청년은 자신을 위해 울어주는 목사님이 계시다는 사실에 감격하여 한참을 울었다.

김 목사는 예배 시간에 청년의 사연을 이야기하면서 도울 수 있는 분들의 동참을 요청했다. 그것이 신자들의 마음을 움직였다. 신자들은 십시일반으로 이 청년을 돕기 위해 헌금을 내기 시작했다. 어떤 분은 자녀의 돌반지를 내놓기도 했다.

김 목사는 신자들이 모아준 헌금과 돌반지를 보내주면서 청년을 격려했다. 형제는 김 목사가 건네주는 헌금과 돌반지를 받아들고는 한참을 울고 또 울었다.

경제적 어려움에 처했을 때는 '공부는 그만두고 일이나 하라'는 충고가 최선의 답이라고 생각할 수 있다. 하지만 두 형제가 그랬듯이 학업을 포기하는 것보다 더 중요한 것은 자신의 사명을 지켜나가기 위해 방도를 찾는 일이다. 스스로 해결할 수 없다면 적극적으로 누군가에게 도움을 요청할 수 있어야 한다. 절망이 크다는 것은 그만큼 더 강력하게, 감동적으로 요청해야 할 때라는 의미이기도 하다.

살다 보면 우리는 누구나 자신이 원치 않는 곤경에 처할 수 있다. 그때 세상에 대한 원망과 탄식으로 일관하는 사람이 있고, 누군가는 도와줄 것이라는 희망을 갖고 간절함과 진정성을 담아 도움을 요청하는 사람이 있다. 원망하는 사람과 요청하는 사람의 결말은 다를 수밖에 없다.

'그냥 요청하기'만으로 성공한 사람들

요청하고 싶어도 그러지 못하는 경우가 많다. 과연 들어줄까 염려되고, 안 들어줄 거라 지레짐작하고, 자존심이 상해 요청하기를 꺼리기 때문이다. 하지만 단순히 '그냥 요청하기'만으로도 얻을 수 있는 결과들은 의외로 많다.

❙ 책을 보내달라고? ❙

어느 날 한 통의 메일을 받았다. 서울의 모 대학에 다니는 여학생인데, 언니 책상에 놓여 있는 ≪키맨 네트워크≫를 읽었다면서 요청의 중요성을 강조하는 내용과 사례들을 보고 감동과 자신감을 얻었다고 했다. 자신은 시골에서 상경하여 직장에 다니는 언니와 함께 다세대주택 반지하에 살고 있는데, 책을 매우 좋아하지만 살 돈이 충분치 않아 말씀드린다며 "선생님은 서재에 서적이 많으실 텐데, 혹시 그중에서 읽을 만한 책 몇 권을 보내주시면 안 될까요?"라고 요청했다.

내 책을 읽고 감동한 독자라는데, 더군다나 책을 읽고 싶다는데 거절하기가 어려웠다. 아내도 "여보, 속히 보내주는 게 좋겠어요. 그 학생에게 격려가 될 텐데"라며 독려했다.

최대한 빨리 응답을 주고 싶어 인터넷서점에서 책을 몇 권 골라 보내주었는데, 여학생으로부터 당일배송 서비스로 그날 오후에 책을 받았다는 메일이 왔다. 책을 보내주셔서 정말 감사하며 앞으로 살아가는 데 큰 힘이 될 것이라는 정성스러운 내용이었다.

▌ 혁신의 싹을 키운 스티브 잡스의 요청 ▌

애플 창업자 스티브 잡스의 성공 비결을 말하라면 대부분의 사람들은 그의 혁신적 사고를 제일 먼저 떠올릴지 모른다. 하지만 그는 산타클라라밸리역사협회(Santa Clara Valley Historical Association)가 공개한 스피치 영상(www.siliconvalleyhistorical.org)을 통해 자신의 성공 비결은 '요청'이었다며 다음과 같이 고백했다.

"이것은 제가 항상 절실히 느껴온 것인데요, 사람들 대부분이 그 경험을 하지 못하는 이유는 그들이 도움을 요청하지 않기 때문입니다. 저는 제가 도움을 요청했을 때 저를 도와주기를 거부했던 사람을 한 번도 만난 적이 없습니다. 저는 항상 도움을 구했어요. 한번은, 좀 오래전 이야기인데, 12살 때 빌 휴렛(휴렛팩커드HP의 공동 창업자. 당시 CEO)에게 전화를 걸었어요. 그는 팔로알토에 살고 있었는데, 전화번호부에 그의 번호가 있었던 것입니다. 전화를 걸자 그가 직접 받았어요.

'여보세요? 안녕하세요? 스티브 잡스입니다. 저는 12살입니다. 저는 고등학생인데요, 주파수 계수기를 만들고 싶어서 연락드렸습니다. 혹시 남는 부품이 있으면 저에게 주실 수 있을까요?'

그러자 그분은 웃으시며 저에게 주파수 계수기를 만드는 데 필요한 부품을 보내주셨을 뿐 아니라 그해 여름 제가 휴렛팩커드에서 일할 수 있도록 해주셨어요. 그리고 그곳 조립라인에서 제가 나사를 조이며 조립했던 것이 다름 아닌 주파수 계수기였어요. 그분은 저에게 그것을 만드는 곳에서 일할 수 있게 해주셨던 것입니다. 제게 그곳은 천국이었죠.

저는 제가 전화했을 때 '안 돼'라고 말하거나 바로 전화를 끊어버리는 사람을 만나본 적이 없습니다. 그렇기 때문에 전 도움이 필요할 때마다 그저 도움을 요청했습니다. 그리고 사람들이 제게 도움을 요청할 경우 그 요청에 최대한 응하고자 노력해왔습니다. 그것이 지금껏 제가 받아왔던 도움에 보답하는 길이라고 생각했기 때문입니다.

사람들은 대부분 전화를 하지 않아요. 도움을 구하지 않습니다. 그것이 큰일을 성취하는 사람들과 그런 일을 꿈꾸기만 하는 사람들의 차이입니다. 반드시 행동을 취해야 합니다. 그리고 실패의 가능성을 감수할 수 있어야 합니다. 깨지고 상처받는 것을 겁내선 안 됩니다. 전화를 걸 때건 사업을 시작할 때건 실패를 두려워한다면 멀리 나아가지 못할 것입니다."

어릴 때부터 거물들로부터 요청에 대한 답장을 들으며 문제를 해결해나갔던 잡스는 어떤 어려움도 요청을 통하면 누군가의 도움을 받아 해결할 수 있다는 용기와 신념을 갖게 되었다. 큰일을 성취하는 사람들과 그런 일을 꿈꾸기만 하는 사람들의 차이는 요청의 능력이라는 그의 말을 기억할 필요가 있다.

▌ 반품 기한은 지났지만… ▌

일본의 비즈니스 컨설턴트 이시즈카 시노부가 쓴 ≪아마존은 왜? 최고가에 자포스를 인수했나≫라는 책에 이런 대목이 나온다.

한 여성이 몸이 아픈 어머니를 위해 인터넷쇼핑몰에서 신발을 구입했다. 그런데 머지않아 어머니는 병세가 악화되어 세상을 떠나고 말았다. 얼마 뒤 뒷정리로 분주한 그녀에게 이메일이 한 통 날아왔다. 구입한 신발이 잘 맞는지, 마음에 드는지 묻기 위해 쇼핑몰에서 보낸 이메일이었다. 상실감에 빠져 있던 그녀는 겨우 정신을 차리고 이메일에 답장을 썼다.

"병든 어머니께 드리기 위해 구두를 샀던 것인데, 어머니가 그만 돌아가셨습니다. 너무 갑작스러운 일이라 구두를 반품할 기회를 놓쳐버렸네요. 그렇지만 이제 어머니가 안 계시기 때문에 이 구두는 꼭 반품 처리를 받고 싶습니다. 그렇게 해주시면 안 될까요?"

이 여성은 인터넷쇼핑몰로부터 어떤 답장을 받았을까?

"저희가 택배직원을 댁으로 보내 반품 처리를 해드리겠습니다. 걱정하지 마십시오."

이 회사는 반품 처리를 해주었을 뿐만 아니라 여성에게 한 다발의 꽃까지 선물했다. 카드에는 어머니를 잃고 슬픔에 빠진 여성을 위로하는 글이 적혀 있었다. 여성은 꽃다발을 받고 감동하면서 눈물을 흘렸다. 그리고 그때 받은 감동을 블로그에 올렸다.

"감동 때문에 눈물이 멈추지 않았습니다. 제가 다른 사람의 친절에 약하긴 하지만, 지금까지 받아본 친절 중에서 가장 감동적인 것이었습니다. 혹시 인터넷에서 신발을 사려고 하신다면 자포스를 적극 추천합니다."

이 같은 사연이 2007년 7월 7일 미국의 한 블로그에 올라오자 감동 받은 네티즌들이 SNS를 통해 소식을 퍼 나르기 시작했다. 자포스(www.zappos.com)라는 작은 인터넷쇼핑몰이 화제의 기업으로 주목받게 된 순간이었다.

그다음 해인 2008년 자포스는 무려 1,300%의 경이적인 성장률을 기록하며 매출 10억 달러(약 1조 1,000억 원)를 돌파했으며, 2009년 7월에는 세계적인 전자상거래 회사인 아마존에 12억 달러(약 1조 3,000억 원)에 인수되었다.

자포스에 이메일을 보낸 여성은 '그냥 요청하기'를 통해 반품을 성공시켰을 뿐만 아니라 그녀의 요청에 귀를 기울인 자포스를 모든 사람들이 좋아하는 기업으로 만드는 결정적 계기를 제공했다. 이렇듯 요청은 또 다른 성공과 행복을 낳는 기회가 되기도 한다.

랜디 포시 교수의 '마지막' 요청

≪마지막 강의≫는 미국의 카네기멜론대학 교수 랜디 포시(1960~2008

년)가 죽음을 앞두고 마지막으로 강의했던 내용을 토대로 그의 친구가 정리한 책이다. 출간 즉시 〈뉴욕타임스〉와 아마존 베스트셀러 1위를 차지했고, 동영상 또한 유튜브를 타고 전 세계인을 감동의 도가니로 몰아넣었다.

포시 교수는 47세의 한창 나이에 췌장암에 걸려 시한부 인생을 선고받고 학교에 사표를 낸다. 학교는 그에게 '마지막 강의'를 요청하고, 그는 강의를 수락한다. '당신의 어릴 적 꿈을 진짜로 이루기'라는 제목의 강의에서 그는 젊은이들에게 꿈을 가질 것을 강조하고, 꿈을 이루어나가는 과정에서 부딪히는 수많은 장벽들은 앞을 가로막는 것이 아니라 꿈이 얼마나 큰지를 알아보기 위해서 존재하는 것일 뿐이라면서 시도도 해보지 않고 너무 쉽게 포기하지 말라고 충고한다. 그러면서 '단지 요청하기'만이라도 하라고 권유한다.

"나는 요청하는 것에 꽤 숙달된 사람이었다. 나는 용기를 내어 컴퓨터 과학 분야의 세계적 권위자 프레드 브룩스 주니어에게 연락을 했던 일을 자랑스럽게 생각한다.

(중략)

그때 나는 이십대 후반이었고 꼭 한 번 그를 만나고 싶었다. 그래서 그에게 이메일로 이렇게 요청했다.

'만약에 제가 버지니아에서 노스캐롤라이나까지 운전을 해서 가면 삼십 분 정도 제게 시간을 내주실 수 있습니까?'

그가 답했다.

'만약 자네가 운전해서 여기까지 내려오겠다면 내가 삼십 분 이상의 시간이라도 내겠네.'

그는 나에게 한 시간 반을 할애했고 그날 이후 내 인생의 멘토가 되었다. 수년이 지나고 그는 노스캐롤라이나대학에서 강연해줄 것을 부탁하며 나를 초대했다. 그리고 그 여행은 내 인생에서 가장 중요한 순간으로 나를 이끌었다."

▍ 물론 해드려야죠 ▍

아파트에 입주한 지 2년이 지난 무렵의 일이다. 현관 바닥에 물이 스며들더니 번짐 현상까지 나타나 보기가 싫었다. 화장실 욕조 유리 아래 부분에도 곰팡이가 생겼다. 실은 훨씬 전에 발견했는데, 고객센터에 신고하는 것을 미루다가 그만 보수 기간을 놓치고 말았다. 아내가 고객센터에 전화를 했더니 의무보수 기간이 지났기 때문에 직접 비용을 들여 고쳐야 한다는 대답을 들었다고 했다.

그런데 입주 후 2년을 갓 넘긴 시점이라 보수팀이 아직 철수하지 않고 남아 있을지도 모른다는 생각이 들었다. 전화를 걸어 좋은 아파트를 지어주어 만족하고 있다, 요즘 층간 소음으로 이웃들과 다툼이 많은데 완벽할 정도로 방음설비가 된 아파트에 자부심이 생긴다, 그런데 현관에 물이 스며들어 고급 아파트 이미지와는 어울리지 않는다, 보수를 요청한다는 말을 전했다. 그쪽에서 의외의 답을 했다.

"물론 해드려야죠."

사실 나는 '노'라고 해도 어쩔 수 없다는 생각이었다. 그런데 '그냥 요청'한 것으로 아주 만족스러운 보수를 받을 수 있었다.

결혼은 해도 후회하고, 안 해도 후회하니 이왕이면 해보고 후회하는 것이 좋다는 말이 있다. 요청도 그렇다. 요청해서 후회하는 경우와 요청하지 않아서 후회하는 경우 중 어느 쪽이 더 많을까? 아마도 요청하지 않아서 후회하는 경우가 훨씬 더 많을 것이다.

세상에 나의 요청을 기다리는 사람은 그리 많지 않을 것이다. 하지만 누군가에게 도움을 요청하지 않으면 아무도 나를 위해 움직이지 않는다. 내가 그들에게 다가가 도움을 요청할 때 비로소 그들은 도울 것인가 말 것인가를 고민하기 시작한다. 그들의 생각을 깨워 나를 도울 수 있도록 움직이는 힘은 바로 요청으로부터 시작된다. 오늘 당장, '그냥 요청하기'를 시도해볼 것을 권한다.

사랑하는 자녀에게
요청을 가르쳐라

강의를 하면서 사람들에게 현재의 고민을 적어보라고 하면 가장 많이 나오는 내용 중 하나가 자녀에 관한 문제다. 양육에서 교육에 이르기까지 자녀를 위한 우리나라 부모들의 관심과 열정은 가히 세계적이다. 그렇다면 부모들의 궁극적인 바람은 무엇일까? 자녀의 성공일 것이다. 그런데 자녀의 성공을 위해 해줄 수 있는 부모의 역할은 제한적이다. 대부분 사교육에 돈을 쏟아부으면서, 이것이 자녀를 위한 길이라 스스로 위안받고 있다. 그러다 보니 많은 가정들이 경제적으로 힘겨워하고 있다.

〈헤럴드경제〉와 현대경제연구원의 조사에 의하면, 우리나라의 중산층 비율이 1990년 75.4%에서 2010년 67.5% 등으로 8% 가까이 감소했으며 최근에는 그보다도 훨씬 더 떨어졌다고 한다. 더욱 심각한 것은 자신이 중산층이라고 느끼는 사람이 50%에도 못 미치는 '중산층의 심리적 몰락'이다.

이렇게 된 이유 중 하나가 세계 최고 수준으로 치솟은 사교육비다. 2011년 가구소득 통계에 의하면, 소득은 1990년보다 4.1배 증가한 반면 교육비 지출은 6배나 증가했으며 소득에서 교육비가 차지하는 비중도 1990년 5.3%에서 2011년 7.8%로 늘어났다. 우리나라 부모들의 사교육비에 대한 부담이 어느 정도인지 알 수 있다. 더 큰 문제는 사교육비의 실효성이다. 사교육에 투자하여 자녀가 목표한 대학에 가고 직업을 갖게 되더라도 그때 가서 그 직업이 당초의 기대처럼 많은 연봉을 받고 사회적 지위를 누릴 수 있는 직업으로 남아 있을지는 알 수 없는 일이다.

얼마 전 개인 병원을 운영하는 원장과 함께 식사를 한 적이 있는데, 요즘 의사들은 자식을 의대에 보내지 않겠다는 얘기를 공공연히 한다고 한다. 병원이 많아지면서 경쟁이 치열해졌고, 그 결과 수입이 줄어들고 고객들의 요구 수준도 높아져 이에 대응하기가 쉽지 않다는 것이었다.

이러한 현상은 앞으로 모든 직업에서 나타날 수 있다. 이제는 부모들이 결단해야 한다. 자신의 역할을 재정의해야 한다. 사교육에 올인하여 불투명한 미래를 위해 자녀와 가정을 희생시키지 말고, 자녀가 좋아하는 일을 찾아 관련 분야의 사람들과 접촉하고 그들에게 도움을 요청하며 대화하는 가운데 스스로 깨우쳐 공부하고 싶다는 열정을 발휘할 수 있게 후원하는 역할로 바꿔야 한다.

설사 자녀를 뒷받침해줄 수 없는 형편이더라도 요청만큼은 반드시 가르쳐야 한다. 인생의 문제를 혼자서 감당하기 어려울 때 누군가의 도움을 이끌어낼 수 있도록 요청의 힘을 심어주어야 한다.

▌하버드대학을 움직인 '김 양' ▌

김은지 양은 강화도 초지리 출신의 섬 소녀다. 그녀의 아버지는 IMF 외환위기 때 축산업에 실패하고 나서 식당을 개업했는데, 이마저도 매출이 부진하여 폐업을 했다. 대원외고에 가고 싶어 했던 그녀에게 주위 사람들은 집안 사정도 어렵고 외국에서 살다온 친구들의 어학 실력을 따라가기가 어려울 거라며 대원외고에 가지 말고 시골에서 공부하면서 농어촌 특별전형으로 서울대학에 진학할 것을 권했다. 하지만 그녀는 꿈을 가지면 이룰 수 있다는 신념을 갖고 대원외고에 들어갔다.

입학해보니 듣던 대로 대부분의 친구들이 외국어에 능통했고 부모들이 타이트하게 짜준 스케줄에 따라 고액 과외를 받고 있었다. 하지만 그녀는 부모의 경제적 뒷받침을 받을 수 없었기에 사교육은 엄두도 내지 못했고, 어떻게든 장학금을 받아야 하는 상황이었다. 그녀는 독서실에서 혼자 공부를 해가면서 모르는 것이 있을 때는 그때그때 선생님과 친구들에게 물어(요청)가면서 열심히 노력했다. 그 결과 입학 당시 하위권에 머물렀던 성적이 점차 향상되어 유학반에 들어갈 수 있었고, 유학반에서도 처음에는 거의 꼴찌 수준으로 시작했지만 성적이 오르면서 우수한 성적으로 졸업할 수 있었다.

공부만 열심히 한 것이 아니라 동아리 활동도 활발하게 하면서 징, 꽹과리, 북, 장구 등을 배워 지하철역이나 자선단체에서 공연을 했고, 해외 봉사활동에도 참여했다.

문제는 유학이었다. 꿈꿔왔던 호텔리어가 되기 위한 공부를 하고 싶었지만 당장 유학비를 마련할 길이 없었다. 이때 그녀는 용기를 내어 신라,

워커힐, 플라자, 인터콘티넨탈 등 7개 호텔 CEO에게 "나를 주식으로 생각하고 투자해달라"는 요청의 편지를 보냈다. 결국 기대했던 장학금은 받지 못했지만 호텔 CEO들의 격려에 큰 힘을 얻을 수 있었다. 어떤 CEO는 직접 호텔로 초청해서 여러 가지 조언을 해주며 격려했고, 국내 대학에 진학할 것을 권하는 CEO들도 많았다. 이러한 경험은 결코 헛되지 않았다.

미국 대학에 입학하려면 에세이를 써야 하는데, 김은지 양은 '섬 소녀(Island Girl)', '비 오는 날(It's rainy day)'이라는 제목의 글을 통해 장학금을 받기 위해 호텔 CEO들에게 편지를 썼던 이야기며, 한 CEO가 그녀를 호텔로 초대해 격려를 해주던 날에 비가 많이 내렸다는 등 자신의 스토리를 진솔하고 감동적으로 써내려갔다. 이에 감동한 카네기멜론대, 브라운대 등 9개 대학에서 입학을 허락했고, 5개 대학에서는 장학금 제공까지 약속했다. 그녀는 4년간 전액 장학생으로 하버드대에 입학했고, 김은지라는 이름은 단번에 유학을 준비하는 학생들의 로망이 되었다.

하버드대에 입학은 했지만, 수업을 따라가는 일은 결코 쉽지 않았다. 특히 난이도가 높은 수학 과목은 도저히 따라잡기가 힘들었다. 한 단계 낮은 클래스로 옮기자니 자존심이 상했고, 그냥 수강을 하자니 학점이 엉망이 될 것 같아 무작정 수학과에 찾아가 도움을 청했다. 얼마 후 당시 강의를 담당하던 교수, 한 단계 아래 강의를 맡은 교수, 그리고 수학을 총괄하는 교수 세 사람이 한 자리에 모여 그녀의 고민을 듣고는 "수업을 한 단계 낮추는 것은 자존심 상하는 일이 아니라 단지 조금 천천히 걷는 것"이라는 조언과 격려를 해주었다.

하버드대는 다른 배려도 아끼지 않았다. 영어 청취에 익숙하지 않은 그

녀를 배려하여 액센트가 강하지 않은 교수의 반에 배정해주고 시험 날짜
도 연기해주었을 뿐 아니라, 클래스를 옮긴 첫 수업에도 교수들이 직접 참
관하여 제대로 이해하는지를 살펴주었다. 그 덕분에 자신감을 회복한 그
녀는 큰 어려움 없이 학교생활을 해나갈 수 있었다.

▌ 이상봉 선생님을 감동시킨 편지 ▌

경북 예천의 한 고등학교에 다니는 최해인 양은 장차 디자이너가 되고 싶
었다. 하지만 이와 관련한 정보를 구하는 데 한계가 있었고 누군가의 도움
을 받아내기도 쉽지 않았다. 최 양은 TV를 통해 알게 된 유명 패션디자이
너 이상봉 선생에게 자신의 꿈을 담은 편지를 써 보냈다.

얼마나 정성스럽게 편지를 썼는지 이상봉 선생은 총 6장 분량의 내용
을 끝까지 읽고 감동해서 어떻게든 도움을 주고 싶은 마음이 생겼다. 그로
부터 한 달 뒤 부산에서 패션쇼가 열릴 예정이었는데, 그 자리에 최 양을
초청하기로 했다.

'바쁜 분이 설마 답장을 해줄까?' 하며 큰 기대를 하지 않았던 최 양은
초청장을 받고 날아갈 듯이 기뻤다. 화려한 패션쇼를 지켜보며 평소 존경
하는 분을 만나 대화를 나누고 나니 꿈이 더 크고 명확해졌고, 마침내 한
양대학교 시각디자인과에 합격하게 되었다.

대학에 입학한 이후에도 두 사람의 편지 왕래는 계속되었다. 최 양은
어떤 때는 고민을, 어떤 때는 자신의 변화하고 성장하는 모습을 담아 편지
를 보냈다. 이상봉 선생은 답장을 하지 않을 수 없었다. 또한 자신에게 감

동을 준 그녀의 변화와 성장을 보며 '누군가가 자신을 통해 꿈을 이루려고 하니 오히려 내가 더 열심히 노력해야겠다'는 생각을 갖게 되었다.

　이처럼 요청은 요청한 사람이 희망을 찾는 계기를 마련해주기도 하지만, 요청을 받은 사람의 삶도 더 나은 방향으로 향하게 만드는 힘이 있다.

요청해서
손해 볼 일은 없다

요청은 상대의 수락과 함께 성공을 가져다준다. 물론 거절을 당할 때도 있다. 그것이 두려워 우리는 요청을 꺼리게 된다. 하지만 요청과 그에 따른 거절은 생각하기에 따라서는 우리를 좌절시키기보다 오히려 성장시키는 원동력이 될 수 있다.

왕진 요청으로 진로를 발견하다

서울대 수의대를 졸업하고 수원에서 개업을 한 후 지역사회의 명의로 소문난 백충기 박사는 대학생 시절 아버지가 신우신염으로 갑자기 혈압이 높아져 쓰러지는 일을 당했다. 급한 마음에 병원으로 달려가 평소 부친을 진료해왔던 의사를 찾아가 왕진을 요청했다. 하지만 의사는 기다려보라며 시간을 끌었다. 화가 머리끝까지 난 백 박사가 "어떻게 이럴 수 있습니까?" 하고 따졌더니 그제야 택시를 부르라고 했다. 의사와 간호사를 태우고 집 앞에 도착하고 보니 가족들의 울음소리가 들렸다. 이미 부친이 세상을 떠난 것이었다. 그때 그는 결심했다. '내가 수의사가 되어 왕진 요청을 받으면 만사를 제쳐두고 달려가겠다'고.

개원을 한 백 박사는 결심한 대로 농민들이 왕진을 요청하면 지체 없이 달려갔다. 농부들에게 가축은 자식과도 같다. 그래서 가축이 아프면 그들도 아프고, 가축이 건강하면 그들도 건강하고 행복하다. 농민들의 아픔을 누구보다 잘 아는 그였기에 "우리 소가 이상해요. 빨리 와주세요"라는 요청이 오면 아버지가 쓰러지셨을 때의 그 마음으로 신속하게 움직였다.

농민들은 백 박사의 신속한 왕진과 정성스러운 치료에 감동하게 되었고, 그에 대한 소문은 수원 시내뿐 아니라 인접 시군의 가축 농가들에도 퍼져나갔다. 요청이 그를 명의로 성장시킨 힘이 되었던 것이다.

▌ 건설회사 사장에게 아파트를 달라고 했는데… ▌

용인시 수지구는 기업체 연수원들이 많이 모여 있는 곳이다. 기업체 강의를 많이 하다 보니 아무래도 이쪽으로 이사를 하는 게 낫겠다는 생각이 들었다. 마침 이 지역에 아파트를 분양하는 모델하우스가 있다고 해서 가보니 마음에 드는 집이 있었다. 널찍할 뿐만 아니라 인테리어나 구조도 훌륭한 아파트였다. 그때만 해도 아파트가 미분양되는 경우가 많아 건설회사에서 넓은 평수의 아파트일수록 더 고급스러운 자재와 인테리어, 파격적인 분양 조건을 내세워 고객을 유인하고 있었다.

예상대로 1, 2순위 청약에서 미달이 되어 3순위로 신청을 했는데, 파격적인 조건 때문이었는지 신청자들이 몰려들어 청약에 실패하고 말았다. 하지만 그 아파트를 갖고 싶다는 생각이 떠나지 않았다. 할 수 없어 시행사 사장에게 편지를 써서 도움을 요청해보기로 했다. '직업이 강사인데, 강의 활동을 원활히 하기 위해 꼭 수지로 이사를 갔으면 한다. 모델하우스를 보니 구조와 마감 처리가 매우 고급스러워 그 아파트를 사고 싶다. 혹시 회사가 보유한 물량이 있으면 부탁한다'는 요지의 내용이었다. 내가 쓴 책도 한 권 동봉해서 등기로 보냈다.

결과는? 그 아파트를 갖고 싶은 마음을 접어야 했다. 시행사의 대표는 과거에는 회사 보유분이 있었으나 이번에는 대기자가 많아 그렇지 못하다고 하면서 미안하다고 전화를 했다. 하지만 그 일을 계기로 아파트에 대한 정보를 지속적으로 제공해주는 등 많은 도움을 주었다.

요청에는 거절이 따른다. 하지만 거절을 당하는 것은 실패가 아니다. 거절을 실패로 생각하면 실패자가 된다. 하지만 거절을 통해 교훈을 발견하고 개선점을 찾는 사람에게는 오히려 거절이 성공의 원동력이 된다. 세계경제가 계속해서 성장만 해왔다면 인류는 어떻게 되었을까? 아마도 인간의 자만심이 하늘을 찌르면서 극도로 타락했을지 모른다. 위기는 우리를 반성하게 하고 기본으로 돌아가 스스로를 돌아보게 한다.

마찬가지로, 요청하는 것마다 모두 성공한다면 교만이 극에 달해 결국 파국의 길을 가게 될 것이다. 거절을 당할지도 모른다는 생각이 있기에 겸손하게 되고, 대충대충 하지 않고 철저하게 준비하게 된다. 노하우라는 것도 사실은 성공을 많이 해서 쌓이는 것이라기보다 실패와 거절을 많이 당한 결과로 얻어지는 것이다. 맷집이 튼튼해야 싸움에서 이길 수 있듯이 요청하고 거절당하는 가운데 우리는 사유하고 발전하며 성장하게 된다.

적어도 요청은 우리에게 손해를 끼치지 않는다. 요청하지 않아 좋은 기회를 놓치는 경우는 많아도, 결코 요청해서 손해 볼 것은 없다.

요청할 줄 아는 사람은 스스로 발전한다

무슨 일을 하다 보면 누구나 한계 상황에 직면하게 될 때가 있다. 이럴 때 자존심을 내세우며 도움을 요청하지 않는 사람들이 있다. 위험한 사람들이다. 아무리 뛰어난 재능과 태도를 가지고 있어도 운명의 신 앞에서는 나약한 존재일 수밖에 없는 것이 인간인데, 그걸 모르고 버티다가는 최악의 상황으로 빠져들 수 있기 때문이다.

고수도 도움을 요청할 줄 안다. 도움을 요청한다는 것은 자신의 한계를 알고 있다는 뜻이다. 한계를 알고 기꺼이 도움을 요청하는 사람은 필요한 도움을 받을 수 있을 뿐만 아니라 겸손한 사람으로 인식될 가능성이 높다.

'야구의 신'으로 불리는 김성근 감독은 현역 시절 자신이 모르는 것은 적장에게도 기꺼이 물었다고 한다. 1996년 김성근 감독이 쌍방울레이더스 감독으로 있을 때의 일이다. 그는 운동장에서 만난 박영길 전 롯데자이언츠 감독에게 "4번 타자가 공을 칠 때 자꾸 머리가 돌아가요. 어떻게 고

처야죠?"라고 물었다. 두 사람은 한때 OB베어스와 삼성라이온즈 감독으로 경쟁했던 사이로, 이러한 부분을 묻는다는 것은 자존심이 상하는 일일 수도 있었다. 김 감독의 질문을 받은 박 감독은 한때 타격 지도의 일인자로 평가받던 분으로, 적장에게도 기꺼이 묻는 김성근 감독의 열정과 겸손함을 보고 반드시 롱런할 것이라는 확신을 가졌다고 한다.

█ 왜 그 친구는 존경받을까? █

내가 가장 존경하는 친구 중 하나인 리텍엔지니어링 이건직 대표는 요즘에도 자신을 찾아오는 사람들을 만나 상담해주느라 몹시 바쁜 나날을 보내고 있다. 이 때문에 자신의 업무에 방해가 될 정도라고 한다.

이 대표는 암반파쇄기의 핵심 부품을 제작하여 전량을 해외에 수출하는 건실한 중소기업 경영자다. 기술과 경험이 풍부하고 시장에 대한 안목도 뛰어나다. 그를 찾아오는 방문객들은 주로 해외시장 개척 경험이 없거나 부족하여 판로에 대해 고민하거나 리텍엔지니어링과의 협력 방안을 모색하고자 하는 사람들이다. 한마디로 도움을 요청하는 사업가들이다.

거절해야 할 때도 있지 않느냐고 그에게 물었더니 "존경하는 사장님" 하면서 찾아오는데 도무지 거절할 수가 없다고 한다. 그의 인품을 짐작케 하는 말이다. 사람이 찾아오면 그는 성심성의껏 응대하면서 도움이 될 만한 내용들을 알려주고 조언한다. 실제로 그의 조언 덕분에 위기 상황을 돌파하고 더 큰 성장과 발전을 이룬 사람들이 적지 않다. 하지만 이 대표는 자신이 베푼 일을 자랑하는 법이 없고 그 일로 접대를 받는 것도 좋아하지 않는다. 도움을 요청한 사람들이 그를 존경하게 되는 이유가 여기에 있다.

▌ 요청에 대한 거절이 사람을 성장시킨다 ▌

세상에 이 대표 같은 사람만 있다면 얼마나 좋을까? 하지만 현실은 그렇지 않다. 모든 요청에 대해 원하는 답을 얻을 수 있는 것도 아니고, 성공 가능성보다 실패(거절) 가능성이 더 큰 경우도 많다. 이때 중요한 것은 실패에 대한 태도다. 실패를 실패로 보는 데서 끝나면 실패자가 되지만, 실패에서 교훈을 얻으면 성공자가 될 수 있다. 실패를 통해 자신이 어떤 사람인지, 자신의 한계가 무엇이고 어떤 점을 개선해야 하는지를 알 수 있고, 상대방의 진면목과 세상 사람들의 생각을 읽을 수 있기 때문이다.

세계적인 베스트셀러 ≪해리 포터와 마법사의 돌≫의 저자 조앤 K. 롤링도 세상에 알려지기 전까지는 실패의 연속인 삶을 살았다. 결혼과 이혼, 싱글맘으로 아이를 키우면서 우유 살 돈조차 없어 보조금에 의존하며 지내야 했던 우울한 나날들, 구식 타자기로 원고를 써서 아이에게 읽어주기도 했던 그녀는 스스로에 대해 영국에서 노숙자 다음으로 가난한 삶을 살았다고 말했다. 틈틈이 써온 원고도 출판사들로부터 12번의 퇴짜를 당했다. 천신만고 끝에 13번째 만에 출판 계약을 체결하고 나서야 비로소 창조의 화신으로 세계인의 주목을 받는 성공자가 되었다.

그녀는 2008년 하버드대학 졸업식에서 '실패를 하면 얻게 되는 이익'과 '상상력의 중요성'을 강조하면서 "실패 없이는 진정한 자신에 대해, 진짜 친구에 대하여 알 수 없다. 이 두 가지를 아는 것이 진정한 재능이고, 그 어떤 자격증보다 가치 있다"는 말을 남겼다. 그녀는 또 "결국 무엇이 실패인지는 우리 스스로 결정해야 한다. 우리 스스로 실패가 무엇인지를 규정짓지 않으면 세상이 만들어놓은 성공과 실패의 기준에 좌지우지된다"고도 했다. 내가 스스로 포기하지 않는다면 아무도 나를 실패자라고 규정할 수 없다. 실패에는 나를 단련시키고 성장시키는 힘이 있다. 요청할수록 내가 더 발전하는 이유이다.

또한 요청의 강도는 동기의 수준과 비례한다. 강력하게 요청할 수 있다는 것은 그만큼 목표 달성을 향한 의지가 강하다는 뜻이다. 동기가 강한 사람은 몇 번의 거절에 쉽게 무너지지 않는다. 담금질을 할수록 더 강해지는 쇠처럼 거절을 당할수록 자신감이 축적되고, 축적된 자신감을 바탕으로 더 큰 것을 요청할 수 있는 선순환의 과정을 거치게 된다. 다시 말하면 자신감이 없어 요청하지 못하는 것이 아니라, 요청을 하지 않기 때문에 자신감을 키울 기회가 없어 요청을 하지 못하는 것이다.

▌ 절박감의 '도어 투 도어' ▌

빌 포터는 생활용품회사인 왓킨스의 판매왕으로, 2002년에 개봉된 영화 〈도어 투 도어(Door to Door)〉의 실제 주인공이다.

포터는 뇌성마비를 갖고 태어났다. 수많은 회사에 지원을 했지만 그를 받아주는 곳은 없었다. 하지만 그는 포기하지 않고 왓킨스를 찾아가 남들이 가기 싫어하는 곳에서 영업을 하겠으니 채용해달라고 간절히 요청했고, 그의 열정에 감동한 회사는 그를 영업사원으로 채용했다.

취업에는 성공했지만 현실은 냉혹했다. 가는 곳마다 외면과 거절의 연속이었다. 하지만 그는 인내(Patience)와 끈기(Persistence)라는 글자가 새겨진, 어머니가 싸주는 도시락 샌드위치를 먹으며 꾸준히 고객들을 찾아갔다. 잘 쓰지 못하는 오른손은 등 뒤로 감추고 왼손은 무거운 가방을 든 채 하루 10마일 이상을 걷고 또 걸으며 초인종을 누르고 또 눌렀다. 그는 보통 사람보다 동작이 느렸기 때문에 남들보다 일찍 일어나 출근 준비를 했고, 한 곳이라도 더 방문하기 위해 더 많이 움직였다. 또 어눌한 말투 탓에 좀 더 상세하게 설명하려고 애를 써야 했다.

그런데 어느 날부터인가 그의 전부였던 어머니가 치매에 걸려 기억을 잃어가기 시작했다. 암담했다. 그에게 어머니 없이 생활한다는 것은 상상할 수도 없는 일이었다. 갑작스러운 어머니의 부재 앞에서 그는 홀로서기를 해야 할 때임을 직감했다. 이제 모든 것을 스스로 선택하고 행동하며 책임져야 했다. 그는 어머니의 바람대로 꿋꿋하게 자신의 물건을 사줄 고객들을 찾아다녔다. 거절을 당할 때마다 '다음에 더 좋은 상품을 가지고 오라'는 뜻으로 받아들이고, 신상품이 나올 때마다 방문하고 또 방문했다.

계속된 거절에도 불구하고 변함없이 나타나 상품을 구매해줄 것을 요청하는 그의 성실함과 열정이 드디어 고객들의 마음을 움직이기 시작했다. 상품을 사주는 고객들이 늘어났고, 단골 고객도 확보하게 되었다. 영업을 시작한 지 24년이 되는 해에 그는 당당히 '올해의 판매왕'에 자신의 이름을 올리게 되었다. 지금까지도 그의 실적은 아무도 깨지 못한 전설로 남아 있다고 한다.

빌 포터가 숱한 거절을 당하면서도 계속해서 요청할 수 있었던 힘은 다른 것이 아니었다. 어머니의 은혜에 반드시 보답하겠다는 열망과 홀로서기를 할 수밖에 없는 상황에서 더욱 노력하지 않으면 안 된다는 절박감이 있었기 때문이다. 그런 절박감이 강력한 동기가 되어 그를 더욱 단련시키고 발전시켰던 것이다.

요청은
기적을 낳는다

요청은 현실의 문제를 해결해줄 뿐만 아니라 불가능할 것 같았던 일들도 이루어지게 한다. 그래서 많은 사람들에게 감동을 불러일으킨다.

▌ 나라를 구한 머슴의 아들 ▌

건국대학교 부총장을 지낸 류태영 박사는 전북 임실에서 머슴의 아들로 태어나 찢어지게 가난한 어린 시절을 보냈다. 초등학교 졸업이 그의 최종 학력이 될 뻔도 했다. 하지만 공부를 하고 싶다는 그의 열망 하나만큼은 결코 가난하지 않았다.

그는 어려서부터 교회의 새벽 기도회에 나가 있는 힘껏 공부해서 실력을 쌓아 나라와 가난한 농촌을 위해 살겠다고 하나님께 서원을 했다. 하지만 가난 때문에 중학교에 진학하지 못했다. 그래도 공부에 대한 집념을 버리지 못하고 독학하는 학생들을 위해 만든 중학교 강의록을 보며 혼자서 공부를 해나갔다. 18살 무렵 읍내에 중학교가 생겼고, 어머니의 요청으로 부유한 장로 집에서 아이들을 가르치며 중학교를 졸업할 수 있었다.

고등학교가 없는 시골에서 더 이상 공부할 길이 막힌 소년은 공부에 대한 일념으로 기차표만 들고 무작정 상경하여 구두닦이, 방물장수, 아이스케키 장사, 신문 배달, 하우스보이, 행상, 쓰레기 줍기, 고철 줍기 등 별의별 일을 다 해가며 야간 공고를 다녔다. 입학할 때도 우여곡절이 있었다. 이미 새 학기가 시작된 지 1개월이나 지난 시점이라 입학 허가를 받기가 어려웠지만, 교장 선생님을 찾아 무릎을 꿇고 공부할 수 있게 해달라며 간절히 빌었고, 이에 감동한 교장 선생님의 특별한 배려로 학교에 들어가게 되었다. 영양실조로 쓰러진 적도 한두 번이 아니었다. 하지만 좌절하지 않고 쓰레기통에 버려진 음식과 빵을 주워 먹으며 학업에 대한 열망을 불태웠다.

미군부대에서 구두닦이를 하던 고등학교 1학년 때 주위에서 유학 이야기를 하는 것을 듣고 자신도 외국에 가서 더 큰 공부를 해야겠다고 결심했다. 우선 마음에 둔 곳은 당시 선진 농업의 대표 국가인 덴마크였는데, 문제는 역시 재정적 어려움이었다. 이때 그는 순진한 생각을 했다. 덴마크 국왕이 도와주면 가능할지도 모른다고 생각한 것이다. 그는 서툰 영어로 '덴마크에서 공부를 해서 가난한 우리나라의 농촌을 잘사는 농촌으로 만들겠다'는 꿈과 함께 도움을 요청하는 내용의 편지를 썼다. 그리고 도서관에 가서 왕의 이름을 알아보았다. 프레드릭 9세. 그런데 왕궁의 주소를 알 길이 없었다. 일단 겉봉투에 '프레드릭 9세 임금님 귀하! 코펜하겐, 덴마크'라고 적었다. 덴마크 우체부라면 알아서 보내주겠지 생각한 것이었다.

20여 일 후 왕궁사무처에서 답장이 왔다. "왕께서 대한민국 청년의 간절한 요청에 감동하여 당신의 꿈을 이루어주고 싶어 관련 부처에 검토하도록 지시를 내리셨다"는 내용이었다. 곧이어 외무성 차관보의 편지가 도착했다. 원하는 기간에 원하는 곳에서 공부할 수 있도록 모든 편의를 제공하겠다는 초청장이었다.

이 사연은 덴마크 언론에 대서특필되었고, 그는 일약 유명 인사가 되어 가는 곳마다 환대를 받았다. 꿈만 같은 덴마크에서의 2년 공부를 마치고 나니, 한 가지 고민이 생겼다. 복지국가 덴마크와 한국의 실정이 너무도 달라 배운 내용을 그대로 적용하기가 쉽지 않은 것이었다.

그러던 차에 이스라엘이 눈에 들어왔다. 아랍과 6일 전쟁을 치르면서 한 손에는 총을, 다른 한 손에는 삽을 쥐고 사막지대를 개척하여 농업을 일구어가는 이스라엘인들에 관한 소식을 접하고 이스라엘 농업을 배우고 싶어졌다. 그는 덴마크 국왕에게 그랬던 것처럼 이스라엘 대통령에게 편지를 보내 도와줄 것을 요청했다. 얼마 후 덴마크 주재 이스라엘 대사관으로부터 연락이 왔다. 총영사가 "대통령 특명으로 당신을 모셔오라고 했다"고 하면서 "왕복 비행기표, 용돈, 생활비, 치료비까지 전부 우리 정부가 부담할 테니 와서 공부하라"고 했다. 이렇게 해서 이스라엘 농업혁명의 현장을 직접 보고 배우게 되었다.

한국으로 돌아온 류태영 박사는 건국대학교에 둥지를 틀었다. 그의 스토리에 감동한 설립자가 그를 축산대학 교수로 특채한 것이었다. 그는 축산대학에서 생활관장을 맡아 학생들을 가르치면서 한편으로는 농촌운동을 전개했다. 그 일환으로 KBS에서 농가방송을 진행하기도 했다.

그러다가 어느 날 갑자기 청와대의 연락을 받고 박정희 대통령을 만나게 되었다. 어떻게 하면 잘사는 농촌을 만들 수 있을까에 대한 이야기를 나누고 있는데 박 대통령이 불쑥 "당장 내일부터 청와대에서 일을 해달라"고 말했다. 그때가 밤 10시였다. 놀란 류 박사는 어떻게 학교에 사표를 내고 내일부터 일을 할 수 있겠느냐며 정중히 거절하고 다음 날 학교로 출근했다. 아침 8시였는데, 총장과 이사장이 출근하는 그를 부랴부랴 맞았다. 그러면서 당장 청와대로 가서 일하라고 했다. 그 당시 청와대가 어떤 곳이던가. 밤사이 중앙정보부(현 국정원)와 문교부(현 교육부)가 동원되어 류 박사가 바로 출근할 수 있도록 모든 조치를 취해놓았던 것이다. 이렇게 해서 류 박사는 청와대에 들어가 새마을운동을 창안하는 등 지긋지긋하게 가난했던 농촌을 빈곤의 질곡에서 벗어날 수 있게 한 일등 공신이 되었다.

류태영 박사는 비록 가난하고 보잘것없는 환경에서 태어나고 자랐지만, 암울한 현실에서도 절망하거나 포기하는 법이 없었다. 하나님께 도움을 간청하면서 긍정적인 미래를 꿈꾸었고, 도움을 줄 만한 사람이면 그가 누구든 기꺼이 도움을 요청할 줄 알았다. 대사관조차 없었던 그 시절에 외국의 왕과 대통령에게 도움을 요청함으로써 어린 시절 하나님께 서원했던 약속을 기어코 지켜냈다. 요청이 기적을 부른 것이다.

▎ 30년 만에 사랑을 이루다 ▎

2012년 2월 14일, 영국 BBC방송은 밸런타인데이 특집으로 2001년 〈타임〉에 소개된 북한 여성 리영희 씨와 베트남 남성 팜 놈 칸 씨가 30년 만에 결혼에 성공한 러브 스토리를 방영하여 세계인들을 감동시켰다.

칸 씨는 1971년 북한 함흥시에서 화학 전공자로 유학생활을 시작했다. 어느 날 실습차 들른 흥남비료공장에서 연구실 문틈으로 한 살 연상의 리 씨를 본 그는 한눈에 반해버렸고, 두 사람은 이내 사랑에 빠졌다. 하지만 북한 당국의 엄격한 외국인 체류 규정 때문에 1개월마다 실습장을 옮겨야 했고, 리 씨도 야근을 거듭하는 바람에 한 달에 두세 번 정도 겨우 만나 애정을 키워갔다. 결혼하고 싶었지만 베트남 정부가 국제결혼을 법으로 금하고 있었기에 칸 씨는 어쩔 수 없이 홀로 귀국해야만 했다.

이후에도 두 사람은 편지를 주고받으며 사랑을 이어갔다. 칸 씨는 때로 통역원이 되어 북한을 방문해서 어렵사리 그녀를 만나보곤 했다. 그러기를 20년. 폐쇄적인 북한 정권은 주민들이 외부 세계와 접촉하는 것을 제한하더니 급기야 외국인 접촉마저 금지했다. 두 사람은 1992년 "나이가 들어도 우리의 사랑은 영원히 젊다"고 쓴 리 씨의 편지를 마지막으로 연락이 끊기고 말았다.

칸 씨는 베트남 주재 북한대사관에 도움을 요청하는 등 리 씨를 다시 만나기 위해 백방으로 노력했다. 하지만 북한 당국은 리 씨가 이미 다른 사람과 결혼을 했다느니 죽었다느니 하면서 단념하라고 했다. 하지만 그는 그 말을 믿을 수 없었다.

편지가 끊기고 9년 후인 2001년, 베트남 주석과 외교부 장관 등 정부 대표단이 평양을 방문한다는 소식을 들은 칸 씨는 주석과 장관에게 편지를 써서 그동안 있었던 사연을 상세하게 전하면서 두 사람이 결혼할 수 있게 도와달라고 요청했고, 그로부터 3개월이 지난 2001년 8월 25일, 마침내 북한 당국의 결혼 허락을 받기에 이르렀다. 그해 10월 17일 초로의 여인이 된 리 씨를 평양 시내 청년호텔에서 만난 칸 씨는 다음 날 북한 주재 베트남 대사의 주례로 대사관에서 꿈에 그리던 결혼식을 올렸다. 서로의 사랑을 키워온 지 30년, 신랑은 54세, 신부는 55세로 두 사람 모두 초혼이었다.

이들 부부는 현재 하노이에서 행복한 노년을 보내고 있다. 칸 씨는 BBC와의 인터뷰에서 "아내에 대한 내 감정은 예전이나 지금이나 똑같다"고 말했다.

사랑을 이루어가는 스토리는 늘 감동을 준다. 갖은 고난과 역경, 반대를 극복한 사랑의 결실은 더욱 그렇다. 세계에서 가장 폐쇄적인 국가인 북한 여성과 이역만리 베트남 남성의 사랑 이야기는 더더욱 감동적이다. 불가능할 것 같았던 사랑이 강력한 요청의 힘으로 마침내 이루어질 수 있었던 것이다.

2

리더십은 요청으로 완결된다

요청과 리더십의 비밀

POWER OF ASKING

원수를 친구로 만드는
요청의 힘

관계가 틀어져 불편한 사람이 있다고 하자. 그와의 관계를 어떻게 하면 개선할 수 있을까? 자초지종을 잘 설명해서 상대방의 오해를 불식시키는 방법, 사실 관계를 밝혀 잘못 알고 있는 것을 바로잡는 방법, 잘못했다고 사과하고 잘해보자며 용서를 구하는 방법이 있을 것이다. 시간이 약이려니 하면서 참고 기다리는 동안 저절로 관계가 회복되는 경우도 있을지 모른다.

그런데 정말로 효과적인 방법이 있다. 바로 상대방에게 도움을 요청하는 것이다. 사람은 도움을 바라는 상대방의 요청을 들어주고 호의를 베풀고 나면 자기도 모르게 상대방을 더 좋아하게 된다.

▌ 정적을 친구로 만들다 ▌

미국 건국의 아버지로 불리는 벤저민 프랭클린은 젊은 시절부터 경영자,

과학자, 정치가, 외교가, 저술가로 활약한 다재다능한 인물이다. 그런 그가 펜실베이니아 주의회 서기로 출마했을 때의 일이다.

프랭클린의 일이라면 사사건건 트집을 잡고 시비를 거는 한 의원이 있었다. 그는 프랭클린이 당선되어서는 안 되는 이유들을 열거하면서 비방을 퍼부었다. 프랭클린이 자서전에서 '원수 같은 존재'라는 표현을 썼을 정도로 그는 아주 골치 아픈 정적이었다. 하지만 프랭클린이 선거에서 승리한 이후 두 사람의 관계는 더 악화되었다. 프랭클린은 관계를 회복하고 싶었지만, 그렇다고 비굴하게 굽실거리며 화해를 시도하고 싶지는 않았다.

그러던 어느 날 '나로부터 도움을 받은 사람보다도 오히려 내게 작은 도움을 준 사람이 내게 더 많은 도움을 주고 싶어한다'는 격언을 떠올리게 되었다. 프랭클린은 이 격언을 시험해보기로 했다. 마침 그 의원이 희귀한 책을 소장하고 있다는 이야기를 듣고 "그 책을 좀 읽어보고 싶은데, 며칠 후 돌려줄 테니 빌려줄 수 있겠느냐?"는 편지를 보냈다. 그는 즉각 책을 보내왔고 프랭클린은 일주일 뒤 대단히 감사하다는 글과 함께 책을 돌려주었다. 그리고 나서 얼마 후 의사당에서 마주치게 되었는데, 의원이 매우 정중한 태도로 말을 걸어왔다. 이를 계기로 두 사람은 친구가 되었고 평생토록 우정이 변치 않았다고 한다. 이와 같이 도움을 청한 사람에게 호의를 느끼게 되는 현상을 '벤저민 프랭클린 효과(Benjamin Franklin Effect)'라고 한다.

우리는 이 사례를 통해 2가지 교훈을 얻을 수 있다. 하나는 직장이나 모임에서 나를 불편하게 하는 사람과 대화를 나누는 것보다 도움을 요청하는 것이 관계 개선에 더 효과적인 방법이라는 점이다. 불편한 사람에게

"한번 만나 얘기 좀 합시다"라고 말했다가 대화를 나누면서 오히려 더 큰 오해를 낳고 '차라리 만나지 않았더라면 더 좋았을 것을' 하고 후회했던 적이 있지 않은가? 섭섭한 감정은 한두 마디 말로 풀리는 것이 아니다. 그보다는 도움을 요청함으로써 상대방이 나에게 호의를 베풀 수 있는 기회를 만들어주는 것이 훨씬 현명하다.

또 하나의 교훈은 상대방이 호의를 보일 때는 과거의 섭섭함을 기억하지 말고 그대로 받아주는 아량이 필요하다는 점이다. 누군가가 나에게 호의를 베푸는 것은 새로운 관계의 회복을 바란다는 신호다. 이를 거절하게 되면 상대방은 더 큰 상처를 받고 마음의 문을 더 굳게 닫아걸게 된다. 호의는 호의로 받아들여야 한다.

▌ 전임과 후임 리더의 관계가 나빠진 이유 ▌

내가 참여하는 어느 모임에서 있었던 일이다. 신임 회장이 선출되어 의욕적으로 일을 하고 있었다. 그런데 언제부터인가 전임 회장과의 사이가 원만하지 않은 것처럼 보이기 시작했다. 이상한 일이었다. 전임 회장의 추천으로 신임 회장이 되었고, 성품으로 보아도 서로에게 많은 도움이 될 것이라고 생각했는데 말이다.

알고 보니 원인은 매우 사소한 데 있었다. 신임 회장이 전임 회장에게 한 번도 도움을 요청하지 않았다는 것 때문이었다. 후에 내가 중재해서 전임 회장이 도움을 줄 수 있도록 했는데, 지금은 두 사람이 다시 가까운 사이가 되었다.

리더로서 조직이나 모임을 이끌어가다 보면 전임 리더가 도움이 될 때도 있고 방해가 될 때도 있다. 전임이 후임에게 이래라 저래라 하면서 간섭하는 일은 부당한 처사지만, 후임이 전임에게 일체의 도움을 요청하지 않아서 생기는 갈등을 내버려두는 일도 지혜롭지 않은 행동이다.

공자도 기꺼이 도움을 요청했다. ≪논어≫ 〈팔일(八佾)〉편에 다음과 같은 내용이 나온다.

"공자께서 태묘(太廟)에 들어가 일일이 물으셨다. 혹자가 말하기를, '누가 추(鄹) 지방 사람의 아들이 예(禮)를 안다고 했는가? 태묘에 들어와서 일일이 묻는구나'. 공자께서 이 말을 들으시고 '그것이 바로 예이니라'라고 말씀하셨다."

태묘(大廟)는 천자나 제후가 제사를 모시는 곳으로, 여기서는 주공(周公)을 모신 노(魯)나라의 사당을 가리킨다. 아무나 들어갈 수 없으므로 공자도 지금의 법무부 장관에 해당하는 대사구(大司寇)가 된 이후에나 제사에 참석할 수 있었다. 위의 상황은 공자가 제사에 참석하여 진행되는 단계마다 어떻게 행동해야 할지를 일일이 묻는 모습을 보고, 이를 못마땅하게 여긴 사람이 예(禮)에 대하여 많이 안다고 알려진 공자가 도대체 예를 아는 사람이냐며 뒤에서 수군거리고 있는 것이다.

'추(鄹) 지방 사람의 아들'이라는 말은 공자의 아버지가 그곳에서 하급관리를 한 적이 있어 공자를 그렇게 불렀던 것이다. 당시 이 지역은 산골로 괴이한 인물이 많이 배출되는 곳으로 알려져 있었는데, 이 지역의 아들이라는 말 속에는 추 지방, 그것도 하급관리의 자식이라며 공자를 폄하하려는 의도가 들어 있다. 그때 공자는 이 말을 듣고 일일이 묻는 것이 바로 예라고 답했다.

공자의 말에는 '예'가 고정적이거나 불변의 것이 아니라 상황에 따라 변할 수 있는 것으로, 자신이 알고 있는 지식이나 관행을 상대방의 입장을 고려하지 않고 그대로 적용하는 것은 예의에 어긋나는 것이라는 뜻이 담겨 있다. 상황은 유동적이기 때문에 일일이 물어서 행동하는 것이 오히려 상대방을 배려하고 존중하는 태도임을 강조한 것이다.

내 입장에서는 예의로 한 행동이 상대방을 당황하게 하거나 불쾌감을 줄 때도 있다. 따라서 상대방이 처한 상황이나 필요가 무엇인지를 정중하게 물을 필요가 있다. 인간관계의 고수는 상대방에게 요청할 줄 아는 사람이다.

▌ 예수도 요청하는 사람을 좋아하셨다 ▌

예수는 직접적인 말씀과 비유를 통해 요청의 중요성을 강조했다. 요청과 관련한 예수의 말씀 가운데 가장 많이 인용되는 구절은 아마도 "구하라 그리하면 너희에게 주실 것이요, 찾으라 그리하면 찾아낼 것이요, 문을 두드리라 그리하면 너희에게 열릴 것이니 구하는 이마다 받을 것이요, 찾는 이는 찾아낼 것이요, 두드리는 이에게는 열릴 것이니라"(개역개정판, 마태복음 7장 7~8절)일 것이다. '구하라'는 영어 성경에서 'ask'로 표현된다. '요청하라'는 뜻이다. 요청하는 사람은 누구나 얻을 수 있고, 찾을 수 있으며, 문이 열릴 것이라고 하면서 도움이 필요한 모든 사람이 요청하는 데 주저하지 말 것을 강조하고 있다.

또한 예수는 '과부와 재판장'의 비유를 통해 포기하지 않고 끈질기게 요청할 것을 주문하기도 하셨다(누가복음 18장). 어떤 도시에 아주 교만하여 사람들을 무시하는 악한 재판장이 있었는데, 그에게 한 과부가 찾아와 "제 원한을 풀어주세요"라고 요청했다. 재판장은 그녀의 얘기에 전혀 귀를 기울이지 않았다. 하지만 집요하게 찾아와 도움을 요청하는 그녀를 끝내 외면할 수가 없었다. 계속 외면했다가는 날마다 찾아와 그를 괴롭힐 것이기 때문이었다.

이 이야기는 기독교 신앙의 본질은 요청에 있음을 비유적으로 설명한다. 못된 재판장도 끈질긴 요청을 들어줄 수밖에 없는데, 하물며 선한 하나님께서 간절하게 끊임없이 요청하는 자의 소원을 들어주지 않겠느냐는 것이다. 실제로 예수는 사회적으로 무시당하고 천한 대접을 받았던 사람도 간절하게 도움을 요청할 때는 기꺼이 맞아주고 친구로 삼아주었다.

예수가 두로 지방에 갔을 때였다. 어느 집에 들어가 조용히 쉬고 있는데, 귀신 들린 딸을 둔 한 여인이 소문을 듣고 찾아와 자기 딸을 고쳐달라고 애원했다. 수로보니게 지방의 이방인이었다. 예수는 "자녀들을 먼저 먹게 하자. 자녀의 음식을 개들에게 주는 것은 옳지 않다"고 말했다. 여기서 자녀란 유대인을, 개란 이방인을 지칭하는 말이다. 당시 유대인들은 이방인을 무시하고 경멸하여 개라고 불렀다. 개라는 말을 들은 여인은 분노할 법도 한데 "그 말은 맞는 말씀입니다만, 개들도 제 주인의 상에서 떨어지는 부스러기는 먹지 않습니까?"라며 간절하게 딸에게서 귀신을 쫓아내줄 것을 다시 요청했다. 예수는 이 여인의 간절한 요청에 감동하여 "여자여, 네 믿음이 크도다. 네 소원대로 되리라"고 했고 딸은 치료되었다. 수모의 말을 듣고도 포기하지 않고 요청했던 여인이 결국 예수의 인정을 받고 목적을 이룰 수 있었던 것이다(마가복음 7장 24~30절).

당시만 해도 이방인은 물론 창녀, 세리(稅吏, 세금 걷는 사람. 세금을 부당하게 징수하는 일이 많아 비난을 받음), 문둥병자, 시각 장애인 등이 예수를 가까이한다는 것은 매우 어려운 일이었다. 예수에게 가까이 가고 싶어도 제자들이 가로막았다. 하지만 집념을 가지고 다가가 예수를 향해 강하고 간절하게 도와달라고 요청했던 사람들은 모두 예수의 도움을 받고 친구가 될 수 있었다. 예수를 하나님의 아들로 인정하고 도움을 청하는 그들을 예수도 인정하고 좋아하셨던 것이다.

요청은 사람의 문제를 해결해주는 최고의 처방약이다.

위대한 리더는
요청할 줄 안다

리더는 무엇으로 사는가? 리더가 리더십을 발휘할 수 있는 원동력은 무엇일까? 그것은 바로 신뢰다. 리더는 신뢰의 수준만큼 리더십을 발휘할 수 있다. 신뢰하면 구성원들이 따르게 되고, 이해하게 되고, 협력하고 싶어지기 때문이다.

그렇다면 신뢰를 쌓기 위해 무엇을 어떻게 해야 할까? 나는 카스(CAS) 리더십을 제안한다.

$$T = f(CAS)$$

T=Trust, C=Competency, A=Attitude, S=Skill(human skill)

첫째, 실력(Competency)이 있어야 한다. 여기서 말하는 실력은 자격증이나 졸업장, 학점, 시험 점수와 같은 명목상의 실력이 아니라 현장의 문제를 해결하면서 차별화된 성과를 낼 수 있는 핵심 역량, 즉 '대체 불가능한 능력'이다. 핵심 역량을 가진 리더는 위기가 와도 비굴하게 타협하거나 불안해하지 않으며, 주도적으로 헤쳐나가면서 칼자루를 쥔 인생을 산다.

둘째, 태도(Attitude)가 좋아야 한다. 태도가 부족한 사람은 능력이 있어도 제대로 발휘할 수 없고, 좋은 인간관계를 유지하기도 어렵다. 능력은 태도만큼 발휘되며, 좋은 태도만큼 타인의 호감을 불러일으키는 것도 없기 때문이다. 세계에서 가장 존경받는 CEO 중 한 사람으로 알려진 일본전산의 나가모리 시게노부 사장은 "능력의 차이는 5배이지만 태도의 차이는 100배"라고 말한다. 실제로도 그는 태도 중심의 독특한 면접 과정을 통해 인재를 채용한다. 우리 주위에서도 '태도가 전부다(Attitude is everything)'라고 말하는 CEO들이 많아졌다.

셋째, 휴먼 스킬(human skill)이다. 능력과 태도가 동일한데 결과에 차이가 나는 이유가 무엇일까? 그것은 휴먼 스킬 때문이다. 만 명을 먹여 살릴 수 있는 천재가 기업에 들어와 아무것도 하지 못하는 둔재가 되는 경우가 있다. 회사의 시스템이 문제일 수도 있지만, 개인적으로는 다른 직원들과의 원만한 관계 형성을 통해 협업을 이끌어내지 못한 탓이 크다. 휴먼 스킬은 고위직으로 올라갈수록 더 중요해진다. 다양한 욕구를 가진 구성원들을 동기부여해서 한 방향으로 이끌어가려면 고도의 휴먼 스킬을 장착해야 한다.

신뢰의 수준은 CAS, 즉 능력과 태도, 휴먼 스킬의 곱하기 효과로 나타난다. 따라서 고루 갖추어야 한다. 다른 것이 모두 출중해도 한 가지가 0이면 그의 신뢰 수준은 0이 된다.

▎ 신뢰를 넘어 최고와 최선을 요청하라 ▎

리더로서 신뢰를 받는다면 그는 리더다운 리더라고 할 수 있다. 하지만 이것이 다는 아니다. 신뢰가 무엇보다 중요하지만 리더십의 궁극적인 목적은 신뢰가 아니기 때문이다.

리더십 개발 컨설팅사 젠거포크먼의 CEO 잭 젠거와 조셉 포크먼은 약 11,000명의 리더들에 대한 360도 다면 평가를 통해 최악의 리더들의 10가지 특성을 〈하버드 비즈니스 리뷰〉(2012. 8. 16)에 발표했는데, 그중 하나가 '보통 수준의 성과를 받아들이는 것'이었다. 능력도 있고 태도와 인간관계도 좋아 인기는 있지만 구성원들에게 요청하지 못해 적당한 수준의 성과에 만족하고 넘어간다면, 그는 삼류 리더에 머물 수밖에 없다. 그래서 일류 리더가 되려면 신뢰의 카스(CAS)를 넘어 '카사(CASA)' 리더십으로 이행해야 한다.

CAS -〉 CASA(Competecny x Attitude x Skill x Asking)

카사 리더십은 카스 리더십에 요청하는 능력까지 갖춘 상태를 말한다. 다시 말해서 구체적이면서 분명한 요청을 통해 구성원들로부터 최고와 최선의 것을 이끌어내어 공동의 목표를 달성할 수 있을 때 카스 리더십을 발휘하는 일류 리더가 될 수 있다.

리더는 구성원들이 헌신하는 조직을 만드는 일에 최우선 역점을 두어야 한다. 리더십과 동기부여 전문가이자 ≪칭찬은 고래도 춤추게 한다≫ 등의 베스트셀러 저자인 켄 블랜차드는 "그저 관심만 보이는 사람을 육성하지 마라. 헌신하는 사람을 육성하라. 헌신 없이 성공할 수 없다"고 말했다. 관심만 보이는 사람은 스스로 알아서 행동하기보다 지시받은 대로만 또는 급여만큼만 행동한다. 따라서 그가 내놓은 결과들은 항상 평균적 수준이거나 그 이하다. 반면 헌신하는 사람은 스스로 내면에서 불타오르는 열정으로 늘 기대 이상의 결과를 만들어낸다.

그렇다면 헌신하는 구성원을 육성하려면 어떻게 해야 할까? 리더가 모범을 보여주는 것만으로는 부족하다. 헌신을 요청하는 리더의 특별한 노력이 더해져야 한다.

▌ 구성원들이 헌신하게 하려면 ▌

한 국립대 병원에 출강할 때의 일이다. 교육 담당자는 과장이었는데, 그가 하는 일은 숙소키를 챙기고 음료를 준비하는 것 등이었다. 그의 팀장도 연수원 생활수칙을 안내하는 일을 하고 있었다. 담당자가 하면 될 일을 팀장이 나서서 솔선수범(?)하고 있었다. 그것이라도 하지 않으면 존재감을 느끼지 못해서 그러는 게 아닐까 하는 생각이 들 정도였다.

그러던 어느 날 담당자의 속마음을 듣게 되었다. 여러 차례 강의를 하면서 제법 친해진 후였다. 대기업에 다니는 친구들을 만나면 매우 유능해 보이는데, 자신은 과장이라는 사실이 부끄러울 정도로 신입사원 같은 일을 하고 있다고 했다. 주어지는 일만 하다 보니 이제는 아이디어도 없고 의욕도 사라졌다고 했다.

내가 보기에는 지시하는 팀장이나 그 밑에 있는 담당자나 똑같이 무능해 보였다. 도대체 무엇이 이들을 이렇게 만든 것일까? 팀원 시절에는 매우 유능했던 사람이 리더가 되어 실패하는 이유는 무엇일까?

팀원이었을 때 축적된 경험과 노하우가 리더를 무능하게 만드는 요인일 수 있다. 그 경험과 노하우를 리더가 되어서도 그대로 답습하여 자신도 변화하지 못할 뿐 아니라 구성원들에게도 정답처럼 알려준다. 팀원들은 고민할 필요가 없다. 지시하는 대로 따라 하기만 하면 되기 때문이다. 그 결과 이른바 적자생존, '적는 자가 살아남는다'는 생존법칙을 터득한 순응형 팀원들만 양성되고, 리더도 조직도 삼류가 되고 만다.

반면 일류 리더는 지시하기보다 질문하거나 요청하고 기다릴 줄 안다. 팀원이 업무의 주인이 되도록 아이디어와 의견을 묻고 도움이 필요할 경우 주저하지 않고 요청하는 데 어려움을 느끼지 않도록 배려한다. 팀장이 과장에게 "이 과장, 이 문제를 어떻게 해결하면 될까? 내일 오전까지 해결 방안 좀 만들어줘요"라고 질문과 요청을 하고, 가져온 결과에 대해 "나보다 아이디어가 훨씬 많은데"라고 칭찬과 피드백을 해주면, 과장은 업무의 주인이 되어 신바람 나게 일하며 능력을 향상시켜나갈 것이다.

그런 면에서 앞서 소개한 자포스의 신입사원 교육 방식이 주목을 끈다. 총 4주간의 교육 과정으로 2주는 강의 수업, 2주는 컨택센터(Contact Center) 현장실습으로 이루어지는데, 수업에서는 상황극이나 질문을 통해 관련 경험을 떠올리며 어떻게 할 것인가를 생각하면서 자연스럽게 '고객 감동 서비스를 실천하자'는 핵심 가치를 내면화하게 한다. 현장에서는 일반적인 고객 응대를 실습하면서 특정 상황에서 고객의 입장이라면 어떻게 할 것인가를 질문하며 핵심 가치를 업무에 적용하게 한다. 부서에 배치한 후에는 신입사원이 혼자서 해결할 수 없는 과제를 부여하는데, 필요한 사람에게 도움을 요청하여 문제를 해결할 수 있는 능력을 키워주려는 의도가 담겨 있다. 이러한 과정을 통해 신입사원은 유능한 사원으로 성장해간다.

위대한 팀을 만드는
리더의 비결

베스트셀러 저자이자 리더십 컨설턴트로 동기부여와 인정에 관한 전문가인 애드리언 고스틱과 체스터 엘튼은 ≪오렌지 레볼루션(Orange Revolution)≫이라는 명저에서 고성과 팀의 비결을 상세히 소개한다. 두 저자는 전 세계를 다니면서 최고의 팀과 관련한 자료를 수집하고 리더들을 인터뷰하고 약 35만 명을 대상으로 한 조사와 자포스닷컴, 펩시 같은 선도 기업들에 대한 연구 결과를 토대로 고성과를 내는 팀들에서 발견되는 특징을 정리하여 규칙, 즉 '오렌지'를 발견했다. 그들은 공통적으로 직원들끼리 자유롭게 질문하면서 도움을 요청하는 모습을 보였다.

"저는 다른 개발자에게 가서 그들의 의견을 물어요. 그리고 나서 제가 그 아이디어들을 어떤 식으로 통합했는지 보여줍니다. '이게 맞나요?' 하고 물어보죠. 우리는 그런 식으로 유대감을 만들어요."

우리나라에서 고성과 팀의 특징을 잘 보여주는 회사로 현대카드가 있다. 일등 공신은 정태영 사장이다. 정 사장은 회의에 참석한 사람들에게 자신이 맡은 일뿐 아니라 전사적으로 영향이 미치는 과제에 대해 자유롭게 질문하고 의견을 개진하도록 요청했다. 또 한 달에 한 번은 대강당에서 장터, 즉 마켓플레이스(Market Place)를 만들어 함께 일하도록 했다. 모여 있다 보니 대화도 나누게 되고 즉석 회의도 열게 되면서 점차 활기를 더해갔다. 정 사장은 구두로 보고를 받고 직접 결재를 해주기도 하면서 직원이 궁금해하거나 도움이 필요한 점이 있으면 그 자리에서 관련 임원에게 요청하거나 의견을 구하여 협력 방안을 마련하도록 했다. 자연스럽게 협업의 기회가 만들어졌고, 현대카드는 창조적이고 혁신적인 기업으로 인정받게 되었다.

최선을 다한 것입니까?

역대 미국 국무장관들 중에서 지금까지 세계인들의 기억 속에 뚜렷이 남아 있는 인물을 꼽으라면 아마도 헨리 키신저가 첫손에 꼽힐 것이다. 그는 독일 출신의 정치가이자 정치학자로 닉슨 정부에서 대통령보좌관 겸 미국 국가안전보장회의 사무국장으로 재직하면서 1971년 비밀리에 중국을 방문하여 미·중 수교의 길을 텄으며, 1972년 중동 평화 조정과 1973년 북베트남 평화협정 체결 등 세계 평화에 기여한 공으로 노벨평화상을 수상했다. 지금도 그는 외교 전문가로 국제 문제가 대두될 때마다 영향력 있는 발언으로 온 세계의 주목을 받고 있다.

그런 키신저가 국무장관으로 일할 때 직원들에게 던진 질문은 아직도

회자될 정도로 유명하다. 직원이 보고서를 작성하여 가져오면 그는 훑어보고 나서 "최선을 다한 것입니까?"라고 질문했다고 한다. 그러면 질문을 받은 직원은 장관이 보고서에 만족하지 않은 것으로 알고 "다시 작성해서 올리도록 하겠습니다"라고 말했다. 키신저는 직원이 수정한 보고서를 다시 올리면 처음과 똑같이 "최선을 다했습니까?"라는 질문을 또 던졌고, 두 번째 질문을 받은 직원은 장관이 아직도 만족을 하지 못하는 것으로 알고 다시 작성해오곤 했다. 세 번째 수정된 보고서를 올렸을 때도 키신저는 "최선을 다한 리포트입니까?"라고 물었고, 직원은 그제야 자신 있게 "예"라고 대답했다. 그렇게 해서 만들어진 보고서는 대부분 최고의 보고서로 평가받았다.

키신저는 직원들에게 최고와 최선을 요청할 줄 알았던 일류 리더였다. 그의 요청으로 국무부 직원들은 최상의 성과를 내는 최고의 집단으로 인정받게 되었다.

최고와 최선을 요청한다는 것이야말로 직원들을 성장시키고 조직을 위대하게 만드는 첫째 비결이다. 최고의 리더는 최고를 요청할 줄 안다.

비전은 제시하는 것이 아니라
요청하는 것

리더십 하면 제일 먼저 떠오르는 단어가 '비전 제시'일 것이다. 비전은 구성원들을 한 방향으로 정렬하게 하고 행동하게 하여 하나로 응집시키는 역할을 한다. 물론 비전이 조직에 제대로 침투되었을 때 가능한 이야기다. 따라서 리더는 비전을 제시할 뿐 아니라 스스로 비전을 이끄는 존재가 되어야 한다.

흔히 리더들은 취임식이나 시무식에서, 또는 조직에 새로운 변화의 바람을 불어넣고자 할 때 어떤 비전을 어떻게 제시할지를 고민한다. 그럴 때마다 핵심 직원들을 동원하거나 컨설팅회사에 의뢰하여 멋진 비전을 만들어 선포한다. 하지만 구성원들은 정작 그것이 무엇인지 알지 못하고, 알더라도 가슴으로 받아들이지 못한 채 어영부영 넘어가곤 한다. 내가 기업체의 의뢰로 핵심 가치 내재화 교육을 진행할 때마다 느끼는 점 중의 하나도 회사에 비전이라는 것이 있는 줄은 알지만 정확히 아는 사람이나 실제로 업무에 적용해본 직원이 많지 않다는 사실이다.

세계적인 리더십 기관인 CCL(Center for Creative Leadership, 창조적 리더십센터)은 "비전은 가족사진과 같다"고 말한다. 가족사진을 찍었는데 그 속에 내가 없다면 온전한 가족사진이라고 할 수 없는 것처럼, 회사의 비전 속에 내가 없다면 그 비전은 나와 아무런 관계가 없는 문구에 불과할 뿐이다. 비전은 리더의 선포가 아니라 구성원들의 참여로 달성할 수 있는 것이다. 또한 구성원들의 참여는 리더의 요청으로 이끌어낼 수 있다. 리더는 비전을 위해 더 노력해야 할 부분은 무엇이고 감수해야 할 일은 무엇인지를 정확하고도 단호하게 요청해야 하고, 또 비전에 동참했을 때 얻게 되는 이익은 무엇인지를 분명하게 제시할 수 있어야 한다.

요청이 없는 비전은 비전이 아니다. 그것은 내가 빠진 가족사진이요, 팥 없는 찐빵이다. 비전은 제시하는 것이라기보다 요청하는 것이다.

▌온 국민을 감동시킨 대통령의 요청 ▌

대통령 선거가 끝날 때마다 나타나는 현상 중 하나는 공약(公約)의 공약(空約)화다. 물론 어쩔 수 없는 측면이 있을 것이다. 후보 시절의 공약을 실천하고 싶어도 막상 집권해서 나라의 살림살이를 들여다보면 실천하기가 쉽지 않다는 사실을 확인하게 된다. 반대 진영은 공약을 지키지 않는 것은 국민을 기만하는 행위라며 압력을 행사하지만, 그들도 집권하면 동일한 문제에 직면하게 된다.

물론 공약을 실천하는 것은 대단히 중요한 일이다. 하지만 더 중요한 것은 해야 할 것과 할 수 없는 것을 구분하여 현실을 정확하게 알리고 진정성을 담아 국민들에게 참여와 협조를 요청하는 일이다.

미국의 35대 대통령 존 F. 케네디(1917~1963)는 대통령 선거에 출마했을 당시만 해도 크게 주목받는 정치인은 아니었다. 반면 경쟁자였던 리처드 M. 닉슨(1913~1994)은 8년간의 부통령 재직 경험을 통해 미국인들에게 잘 알려진 인물이어서 여론은 닉슨의 승리를 낙관했다. 그런데 대선을 두 달 앞두고 실시된 사상 최초의 대통령 후보 TV 토론에서 케네디는 젊고 활력이 넘치는 지도자의 면모를 선보이며 급부상하기 시작했다. 그는 선거 기간 내내 국민들의 헌신적인 참여와 협조를 요청했고, 서서히 국민들의 마음을 사로잡게 되었다. 그리고 1960년 11월 8일 대통령에 당선되어 44세의 최연소 나이로 백악관에 입성했다.

█ 불가능해도 시작합시다! █

케네디는 대통령 취임식 연설에서 자신이 대통령으로서 무엇을 해주겠다고 하는 약속보다 국민들에게 요청하는 내용에 상당 부분을 할애했다. 공산주의의 확산을 경계하면서 공산주의와 민주주의 양 진영이 군비 경쟁을 멈추고 평화가 보장되는 세계를 구축하기 위해 공동으로 노력하기를 제안하는 동시에 이 모든 과제가 자신의 집권 기간 내에 해결되지 못할 수도 있음을 인정했다. 하지만 이 길은 모두가 가야 할 길이기에 자신과 함께 힘찬 여정을 시작하자고 요청했다.

"이 모든 과제가 지금부터 100일 이내에 이루어지기는 어려울 것입니다. 그것은 지금부터 1,000일 이내에 이루어지기도 어려울 것이고, 현 행정부가 집권하는 기간 동안에 실현되지 못할 수도 있고, 우리가 지구상에 살아 있는 동안에 실현되지 못할 수도 있습니다. 하지만 시작합시다."

그는 여느 대통령의 취임사처럼 '내가 무엇을 하겠다'거나 '정부가 무엇을 하겠다'는 말을 하는 대신 모든 과제의 최종 성패가 국민들의 손에 달려 있음을 정확히 알리는 데 주저하지 않았다.

"친애하는 국민 여러분, 우리 노선의 최종적 성패 여부는 제가 아니라 여러분의 손에 달려 있습니다. 우리나라가 수립된 이후로 모든 세대의 미국인이 국가의 요청을 받고 자신의 충성심을 발휘했습니다. 군대의 부름에 응했던 미국 젊은이들의 무덤이 세계 곳곳에 흩어져 있습니다.

이제 다시 한 번 우리를 부르는 나팔 소리가 들려옵니다. 비록 우리에게 무기는 필요하지만 우리 손에 무기를 들자는 요청도 아니고, 비록 우리가 언제라도 싸울 수 있는 준비는 되어 있지만 싸우러 나가자는 요청도 아닙니다. 그것은 해마다 소망 속에서 기뻐하고 환난 속에서 인내하면서 지긋지긋하게 지속되는 투쟁, 즉 독재정치, 빈곤, 질병, 전쟁이라는 인류 공동의 적에 대항하는 투쟁에 대한 책임을 맡아야 한다는 요청입니다.

우리가 남북 단결과 동서 단결을 이루어내고 전 세계가 모두 힘을 결집하는 동맹을 맺은 다음에 이러한 적과 맞서 싸움으로써 인류 전체에게 보다 풍요로운 삶을 보장할 수는 없을까요? 여러분은 그 역사적 과업에 참여하지 않겠습니까?"

그리고 연설 말미에 미국 국민과 전 세계인에게 가장 위대한 연설 문구 중 하나로 기억되는 명언을 남겼다.

"그리고 친애하는 미국 국민 여러분, 국가가 여러분을 위해 무엇을 할 수 있는지 묻지 마시고, 여러분이 국가를 위해 무엇을 할 수 있는지 자문해보십시오."

그러면서 정부와 국민의 역할은 상호 요청에 있음을 주지시켰다.

"마지막으로 여러분이 미국 시민이든 다른 나라의 시민이든 간에 여러분은 우리가 여러분에게 요청하는 역량과 희생정신을 우리에게 동일한 수준으로 요청하십시오."

케네디의 연설문은 정부와 국민의 역할이 무엇인지를 명확하게 일깨워준다. 지도자와 정부는 국민에게 올바른 것을 요청할 줄 알아야 하며, 국민 또한 정부와 지도자를 향해 당당하게 요청할 줄 알아야 한다는 사실 말이다. 물론 정당한 요청에 대해 서로가 진지하게 경청하고 응답할 수 있어야 한다는 의미를 내포하고 있다.

리더에게 진정한 위대함이란 무엇을 보여주는 것이 아니라 현실을 직시하고 무엇을 어떻게 요청할 줄 아는가에 있다. 비전은 진정으로 요청할 줄 알 때 꽃을 피우기 때문이다.

12살 소년의 꿈

1961년 12살이었던 한 소년은 집안의 좁은 거실에 앉아 흑백TV에 나오는 케네디 대통령의 취임 연설문을 듣고 있었다.

"친애하는 미국 국민 여러분, 국가가 여러분을 위해 무엇을 할 수 있는지 묻지 마시고, 여러분이 국가를 위해 무엇을 할 수 있는지 자문해보십시오."

이 연설을 들으며 소년은 이다음에 커서 '국가에 도움이 되는 사람이 되겠다'고 결심했다. 그는 꿈을 이루기 위해 행정부에 들어가겠다는 계획을 가지고 시카고대학에서 로스쿨을 졸업한 후 로펌을 거쳐 지미 카터 대통령의 선거캠프에 합류, 능력을 인정받고 백악관 보좌관이 되어 4년 동안 일했다. 하루에 3~4시간 정도의 수면을 유지하며 '일중독자'라는 별명까지 들을 정도로 대통령과 국가를 위해 헌신적으로 근무했다. 백악관을 나와서는 자신의 전공인 법률 분야로 돌아가지 않고 사모펀드회사를 설립하여 1,800억 달러(약 200조 원)의 자금을 굴리는 세계 2위의 투자회사로 성장시켰다. 2010년에는 워런 버핏, 빌 게이츠 등과 함께 '기부 서약(Giving Pledge)'에 사인하여 재산의 절반 이상을 기부하겠다고 약속했다. 최근에는 국내 모 일간지와의 인터뷰에서 사후에 재산의 95%를 기부하겠다고 말하기도 했다. 어린 시절 케네디 대통령의 연설을 들으며 결심했던 자신과의 약속을 더욱 멋지게 이행한 것이다.

대통령의 연설을 들으며 미래의 꿈을 키웠던 소년은 바로 칼라일그룹의 창업자 데이비드 루벤스타인이다. 그의 이야기는 대통령의 요청이 어린 소년의 마음속에 오래 남아 평생을 움직이고 있었다는 사실을 확인시켜준다. 위대한 요청이 위대한 국민을 만든다.

CEO는 CAO다

"조직에 속한 사람들은 그의 무능력 수준에 도달할 때까지 승진하는 경향이 있다."

로렌스 피터(Laurence Peter)의 ≪피터의 법칙(The Peter Principle)≫이란 책에 나오는 말이다. 조직 내에서 자신의 일을 잘하게 되면 그 결과로 인정을 받아 승진하여 더 높은 수준의 업무를 맡게 되는데, 이렇게 됨으로써 오히려 업무의 효율성과 효과성이 더 떨어지게 되고 최종적으로는 무능력 수준에 이르게 된다는 것이다.

결국 승진할수록 무능해진다는 뜻이다. 직위가 높아질수록 실무와 거리가 멀어질 뿐 아니라 자신의 전문 분야가 아닌 것을 다루다 보니 결국 무능해질 수 밖에 없기 때문이다.

무능력 상태에 이르지 않기 위해 직위가 높아질수록 리더에게 요구되는 것은 지혜와 통찰력이다. 다양한 지식과 아이디어를 통합하여 올바르게 판단할 줄 알고 남들이 보지 못하는 핵심을 찌를 줄 아는 정신적 능력 말이다. 그렇다면 지혜와 통찰력은 어떻게 개발할 수 있을까?

먼저 지속적인 독서를 통해 변화하는 세계와 다양한 분야의 지식과 관점을 접할 수 있어야 한다. 다음으로는 여러 영역의 사람들과 교류를 통해 그들이 가지고 있는 지식과 지혜를 빌려와야 한다. 또한 부하들에게도 도움을 요청하여 그들에게 기꺼이 배워야 한다.

부하들은 가르치고 지도해야 할 대상이기도 하지만 배워야 할 스승이기도 하다. 어찌 보면 부하들에게 더 많은 것을 배워야 할지도 모른다. 톱리더들 중에는 경험과 지식이 없는 분야에서도 탁월한 업적을 내는 사람들이 있다. 배움과 도움을 구할 줄 알기 때문이다. 리더는 모든 것을 잘 알기 때문에 일을 잘하는 것이 아니라, 적재적소에 사람을 배치하고 이들의 마음을 움직여 이들이 가지고 있는 자원(resources)을 최대한 동원할 수 있도록 동기를 부여하고 이끄는 사람이다.

아들이 삼성그룹이 인기리에 진행하는 열정락(樂)서 특강에 다녀오더니 "아빠, CEO 하기가 쉬워요?"라고 물었다. "CEO가 쉽다니? 회사에서 가장 어려운 일이 CEO지. 지위가 높을수록 책임감도 커지고 그만큼 고민도 많은 자리인데?"라고 대답해주고는 왜 그런 질문을 했는지 알아보니 그날 강의에 연사로 나온 삼성물산 최치훈 사장(당시 삼성카드사장)이 "CEO 하기가 쉽다"고 했다는 것이다. 어떤 배경에서 그런 이야기를 했는지 유튜브에 올라 있는 동영상 강의를 들어보니 자신은 잘 듣고(Listen) 위임(Delegate)하는 것을 잘하는데, 그것이 성공비결이라고 이야기한 것이었다.

최 사장은 1995년에 GE에 입사하여 12년간 근무하면서 한국인 최초로 에너지와 파워시스템 부문 아시아 사장 등 최고 임원을 거쳐 삼성전자, 삼성SDI, 삼성카드 사장으로 가는 곳마다 괄목할 만한 업적을 기록하여 현재는 삼성물산 사장을 맡고 있는 입지전적 인물이다. 그가 이렇게 승승장구하는 비결은 무엇일까?

그는 GE에서 차장 신분이었을 때 잭 웰치 회장으로부터 해양산업(Marine Industry) 분야의 홍콩법인을 맡아달라는 부탁을 받았다고 한다. 그 당시에는 관련 산업, 기술, 지역, 사람(조직 내부, 고객 등)에 대하여 아는 것이 별로 없어 그 제안을 고사했다고 한다. 하지만 결국 홍콩법인을 맡게 되었고, 아는 것이 없었기에 참모와 고객들을 만나 열심히 도움을 요청한 후 그들이 하는 이야기들을 경청(Listen)하고 위임(Delegate)하다 보니 구성원들도 신바람 나게 일했고, 그 결과 좋은 성과를 낼 수 있었다고 한다.

그는 한 언론사와의 인터뷰에서 "내가 부족한 사람이라는 걸 알기 때문에 각 분야에서 누가 가장 전문가인지를 찾아 배치하는 능력을 키우는 데 초점을 맞춰왔다"고 했다. 또한 자신을 사장이라는 권위 안에 가두어 두지 않고 자신보다 연장자인 임원들에게 형님이라고 부르며 기꺼이 도움을 요청할 줄 알았고, 임직원들을 만날 때마다 "저를 평범한 같은 직원이라 생각하고 언제든지 놀러 오고 자유롭게 이메일로 의견을 달라"고 할 정도로 구성원들과 편안하게 소통했다고 한다.

많이 안다고 하는 것이 때로는 리더에게 독이 되는 경우가 있다. 나는 다 알고 있다는 생각으로 오만과 독선에 빠져 직원들과 소통하지 않고 듣기보다 지시하고 명령하는 것을 좋아하다 보니 구성원들의 자발성을 이끌어내지 못하기 때문이다.

CEO란 자리는 많이 아는 사람이 아니라 구성원들의 역량을 잘 이끌어 내고 올바르게 판단할 줄 아는 사람이 맡는 것이다. 자신은 부족하다고 생각하며 겸손하게 도움을 요청할 줄 아는 사람에게는 CEO의 자리가 쉬운 일이 될 수 있다. 하지만 '나는 리더다', '나는 다 안다', '나를 따르라'고 외치는 사람에게는 CEO가 매우 고통스러운 일이 될 수 있다. CEO는 요청할 줄 아는 사람, 즉 CAO(Chief Asking Officer)여야 한다.

3

왜 요청을 못하는가

요청의 5가지 장애를 극복하는 방법

POWER OF ASKING

두려움에서
벗어나라

가수 김수희의 '애모'라는 노래에는 '그대 앞에만 서면 나는 왜 작아지는 가?'라는 노랫말이 나온다. 사랑하는 사람 앞에만 서면 사랑을 고백하고 싶은 마음과 더불어 한없이 작아지는 자신을 발견한다. 왜 그럴까?

거절당할지 모른다는 막연한 두려움 때문이다. 어찌 사랑 고백뿐일까? 어떤 때는 체면이 깎일까 봐 두려워하고, 약자로 보일까 봐 두려워하기도 한다. 심지어 친구에게 점심을 같이하자고 전화했다가 "오늘은 시간이 안 되는데"라는 말을 듣지나 않을까 해서 전화를 망설이게 되기도 한다. 진 짜 바빠서 그렇게 말했을 뿐인데도 '이 친구가 나를 무시하는 게 분명하 다'며 쓸데없는 상상을 하곤 한다.

이처럼 두려움의 실체는 대부분 막연하다. 존재하지도 않는 것을 두고 자기 보호나 방어 차원에서 미리 선을 긋는 것이다. 마음의 상처라는 것도 알고 보면 나로부터 비롯된다.

▌ 내 과거의 상처 ▌

대학교 1학년 때 교육철학 수업 시간이었다. 본질주의와 항존주의를 설명하는 교수님의 강의를 들었는데, 두 철학의 명백한 차이가 무엇인지 분간이 되지 않았다. 그래서 "차이점이 무엇인지 설명 좀 해주시겠습니까?"라고 질문을 했다. 그때 교수님이 "그런 질문을 하려면 내용을 완전히 파악한 다음에 하라"고 했다. 일순간 강의실 분위기는 싸늘해졌고, 나는 학생들 앞에서 망신을 당했다는 생각에 몸 둘 바를 몰랐다. 다른 학생들도 그 교수님께는 일절 질문을 하지 않았던 걸로 기억한다.

그 일이 있은 후로 대학 4년 내내 그 교수님은 물론이고 다른 교수님들께도 가급적 질문을 하지 않았다. 아니 못했다고 할 수 있다. 과거의 상처에 철저하게 나를 가두어둔 채 바보 같은 시간을 살았던 것이다.

▌ 상처는 누가 주는 것이 아니라 내가 받는 것 ▌

우리들은 끊임없이 외부로부터 자극을 받는다. 긍정적인 것도 있고 부정적인 것도 있다. 하지만 어떤 자극에 어떤 반응을 보일 것인가는 전적으로 나 자신에게 달려 있다. 인간의 불행과 행복도 결국은 나의 선택에 달려 있다.

앞에서 소개했던 '판매왕' 빌 포터는 고객이 거절할 때마다 더 좋은 상품을 가지고 오라는 의미로 해석하고 계속해서 다시 찾아갔다. 그가 판매왕이 된 비결은 거절에 상처받지 않고 긍정적인 자극으로 해석할 수 있었던 정신적인 힘이었다.

얼마 전 동네에 스시집이 생겼다. 맛있는 집이라고 해서 가보았더니 소문대로 스시 하나하나가 모두 맛이 좋았다. 그다음에는 아내와 아들을 데리고 갔다. 딸이 음식 블로그를 운영하고 있어서 맛집에 들를 때마다 음식이 나오면 꼭 사진으로 찍어서 가져다주곤 했는데, 아뿔싸, 그때는 튀김 하나를 찍지 못하고 먹어버렸다. 할 수 없이 주인에게 다른 고객에게 나가는 튀김을 찍어달라고 부탁하려는데 아들이 제발 그러지 말라고 했다. 창피하다는 것이었다. 하지만 평소에 요청을 강조해온 사람으로서 그럴 수는 없는 일이었다.

"죄송합니다. 제 딸이 블로그를 운영 중이거든요. 음식을 다 찍었는데, 그만 튀김을 찍지 못해서 그럽니다. 다른 분들께 나가는 튀김을 찍어주시면 안 될까요?"

"예, 알겠습니다."

대답을 하고 돌아선 주인이 주방으로 가더니 무언가를 챙겨가지고 왔다. 새우튀김이었다. 서비스로 다시 준 것이다. 와우!

아들에게 "요청해서 손해 볼 것은 없다"며 요청의 중요성을 또 한 번 강조했다. 물론 그 집은 우리 가족의 단골집이 되었을 뿐 아니라 나 또한 홍보대사를 자처하여 주위 사람들에게 적극 알리게 되었다. 나의 요청이 누이 좋고 매부 좋은 결과를 낳은 셈이다.

물론 나는 그날 주인으로부터 "그건 곤란합니다"라는 대답을 들었어도 상처를 받지 않았을 것이다. 내가 주인이라도 그렇게 대답했을지 모르기 때문이다. 상처는 남이 주는 것이 아니라 내가 받는 것이다.

▌거절의 수모는 성공을 위한 투자비용 ▌

우리는 의식하든 안 하든 누군가의 요청을 하루에도 여러 번 거절하곤 한다. 그런데 정작 자신은 거절을 당하면 안 된다는 이율배반의 생각 속에 살고 있다. 하지만 내가 그런 것처럼 상대방도 거절할 권리가 있다. 중요한 것은 거절에 대한 우리의 태도다.

일반적으로 거절의 횟수와 강도는 성공의 크기와 비례한다. 위대한 성공에 이른 사람들일수록 더 크고 많은 거절을 당한 사람들이다. 거절이 클수록 거절 뒤에 찾아오는 열매도 크고 달다. 그런 의미에서 거절은 인생을 성공으로 이끄는 투자비용이라고 할 수 있다.

≪보험왕 토니 고든의 세일즈 노트≫의 저자인 토니 고든은 영국 보험업계에서 가장 화려한 경력의 소유자 중 한 사람이다. 그는 변변한 고등학교도 졸업하지 못했고 하는 일마다 별다른 성과를 내지도 못했다. 그의 삶은 그야말로 별 볼일 없었다. 22살에 생명보험 영업을 시작했지만, 고객들로부터 받는 것은 냉대와 거절뿐이었다. 첫 번째 계약은 무려 42번이나 찾아간 고객에게서 나왔다. 두 번째 달에는 6건의 계약을 체결하는 데 성공(?)했으나 그다음 달에 모두 취소되고 말았다. 그렇게 7년여 간 계속 힘겹게 살면서 다른 직업을 찾아야 하는 것은 아닐까 고민하기도 했다.

하지만 그는 시간이 지나면서 냉대와 거절을 자기 삶의 일부로 받아들이며 그래도 반드시 성공하겠다는 각오를 다졌다. 그러면서부터 변화가 생겼다. 고객의 거절에 대해 스마트하게 대처하면서부터 그의 세일즈 실적이 향상되기 시작한 것이다. 1977년에는 보험업계 명예의 전당인 '백만 달러 원탁회의'(MDRT, Million Dollar Round Table)의 가입 자격을 얻었고, 이듬해에는 MDRT 회원 중 상위 2%에 속하는 TOT(Top of the Table) 멤버가 되었다. 그는 30년간 MDRT 자격을 놓쳐본 적이 없다. 2000년에는 비미국인으로서 사상 최초의 MDRT 회장에 취임했다. 지금 그는 전 세계를 다니며 강사와 저자로 맹활약하고 있다. 그는 "거절의 수모를 겪어내는 일은 쉬운 일이 아니지만, 모든 성공과 미래의 보상은 잠재 고객과 만나고 고객의 거절을 일상생활로 삼아야 얻어진다. 거절의 수모는 우리가 목표를 달성하려면 반드시 치러야 하는 비용이다"라고 말한다.

▎최악의 상황은 무엇인가? ▎

이제는 거절에 대한 두려움을 떨쳐버리고 도움을 요청할 때다. 도움을 요청했을 때 최악의 상황이 무엇이겠는가? 설마 죽기까지 하겠는가? 이 정도 생각에 이르면 도움을 요청하는 데 주저할 이유가 없어진다. 실제 일어나지도 않을 일들을 염려하며 부정적인 감정 속에 자신을 몰아넣거나 패배적인 생각에 빠져 의기소침해지는 악순환에서 벗어나야 한다.

미국 콜로라도에서 교육과 컨설팅을 전문으로 하는 회사의 경영자이자 ≪사연 많은 거위가 황금알을 낳는다≫ 등의 베스트셀러 작가이기도 한 주디스 브릴스는 발생할 수 있는 최악의 상황을 생각해보면 해답을 찾을 수 있다며 다음과 같이 말한다.

"발생할 수 있는 최악의 일은 무엇인가? 무언가를 하고자 할 때마다 항상 질문해왔다. 일어나게 될 최악의 일이 무엇인지 자신에게 묻는 것이다. 그러면 곧 해답을 찾을 수 있다. 그 일 때문에 내가 죽지만 않는다면 그건 최악의 일이 아니다. 난 누구에게 전화를 걸든 망설임이 없다. 그냥 전화해서 요청한다. 나의 태도는 이렇다.

'그 사람들이 '안 돼'라고 해도 나쁠 것이 없다. 어쨌든 날 죽이지는 않을 테니까.'"

아내의 친구가 보험영업을 시작했을 때의 일이다. 아내에게 전화를 했는데, 마침 아내가 핸드폰을 두고 외출한 뒤였다. 나중에 들은 말이지만, 그녀는 아내가 전화를 받지 않은 것은 자신이 영업을 시작했다는 이야기를 듣고 혹시 보험을 들어달라고 부탁할까 봐 일부러 피한 게 틀림없을 거라고 생각하고는 얼마나 속이 상하던지 혼자서 펑펑 울었다고 한다. 그러면서 "나는 지금까지 잘못 살아왔어. 주위 사람들이 잘되는 것을 보면서 배 아파했는데, 이젠 생각이 바뀌었다. 친구들이 다 잘되었으면 좋겠다"고 했다는 것이었다.

그 말을 듣고 아내에게, 그녀가 영업을 해서 얼마의 소득을 올리는지는 모르지만 돈으로 살 수 없는 값진 교훈을 얻은 것이라며 보험을 들어주지 그랬냐고 했다. 이후 아내는 친구를 통해 세 건의 보험에 가입했다.

두려움은 내가 만들어놓은 덫에 불과하다. 혼자서 두려움이라는 내면의 감시자를 만들어놓고 신경 쓰느라 기운을 소진하지 말고, 당당하게 필요한 것들을 필요한 사람에게 요청할 수 있어야 한다.

자존심을 걸면
자존심이 상한다

사람들이 일을 그르치는 원인 중 하나는 '자존심' 때문이다. 누군가에게 도움을 요청하는 일은 비굴한 짓이며 내가 무능하다는 것을 인정하는 꼴이라고 여겨 웬만하면 자기 혼자서 해결하려 든다. 더 빨리, 더 효과적으로 문제를 해결할 수 있는 길이 있는데도 불구하고 말이다.

▌똑똑한 사람들의 멍청한 짓 ▌

유능하다는 평가를 받는 사람들 가운데 요청을 하지 못하는 이들이 많다. 자신의 학식이나 능력에 비추어볼 때 누군가에게 도움을 요청하는 것은 나약함과 무능을 보여주는, 자존심 상하는 일이라고 생각하기 때문이다. 그래서 그들은 '똑똑한 멍청이'로 전락한다.

하버드대학에서 '행복학' 강의로 10년간 최고 인기 강좌 1위를 놓친 적이 없는 숀 아처 교수는 그의 책 ≪행복의 특권≫에서 세계 최고라는 하버드대학에서 공부하는 학생들 중 상당수가 도움을 요청하기는커녕 도움의 손길마저 뿌리치는 실수를 범한다고 하면서 이를 다음과 같이 묘사했다.

"성공을 위해 치열하게 노력하는 동안 그토록 갈망하는 행복을 몽땅 잃어버리고 만다. 수많은 하버드 학생들을 관찰하면서 한 가지 중요한 공통점을 발견했다. 그것은 주변 사람들 혹은 자기 스스로에게 부여한 높은 기대라는 폭군 아래서 매일매일 신음하고 있다는 사실이다. 똑똑한 사람도 종종 멍청한 짓을 한다. 하버드 학생들 역시 마찬가지다. 그들은 어려움에 직면했을 때 도움을 요청하기는커녕 오히려 다른 사람들의 손길을 뿌리치는 실수를 저지른다."

내가 모든 걸 알아야 하고 나는 완벽해야 한다는 강박관념이 누군가에게 도움을 요청하는 일을 주저하게 만든 결과다.

경영학자로 서울과학종합대학원(aSSIST) 총장과 중앙공무원교육원 원장을 역임한 윤은기 박사는 사람에게는 '공부하는 머리'와 '살아가는 머리'가 있다고 말한다. 공부하는 머리가 뛰어나서 좋은 학교를 다녔지만 주어진 문제를 해결하기 위해 누군가에게 도움을 요청하지 못한다면 그는 '살아가는 머리'가 나쁜 사람일 것이다. 그런데 사회는 공부하는 머리보다 살아가는 머리가 우수한 사람을 필요로 한다. 제아무리 똑똑한 사람이라도 혼자만의 힘으로는 폭발적으로 증가하는 지식을 따라잡을 수도 없고, 다양한 분야를 융합하여 가치를 창조하기도 어렵다. 지금과 같은 시대에 고독한 천재에게는 미래가 없다

▌길을 한 번 잃는 것보다 두 번 물어보는 것이 낫다 ▌

인천시청 앞에 있는 모 식당에서 친구들이 부부 동반으로 저녁식사를 하기로 했다. 그런데 한 친구가 나타나지 않았다. 근처까지 왔다는 연락을 해놓고는 거의 한 시간이 지나도록 모습을 보이지 않았다. 모두가 궁금해하던 차에 헐레벌떡 들어오는 친구를 보며 어떻게 된 거냐고 했더니 주변에서 길을 잃어 헤매다가 이제야 도착했다고 했다. 그 친구는 원래 그런 친구였다. 모임이 있을 때마다 헤매고 헤매다 뒤늦게야 나타나는 친구를 보고 다른 친구들은 오늘은 이 친구가 또 얼마나 헤맬까를 상상하며 이야기를 나누곤 했다.

그런데 이런 부류의 사람들이 의외로 많다. 특히 남자들 중에 그런 사람이 많다. 영국왕립자동차협회의 조사 결과에 의하면, 남자들은 길을 모를 때 평균 20분 정도 버티다가 길을 물어보며, 함께 탄 여성이 "제발 좀 길을 물어보라"고 잔소리를 할 때조차 10분 이상을 꿋꿋하게 버티는 것으로 나타났다. 미국의 ABC방송에서도 영국 보험회사의 통계를 인용해 남성 운전자들이 자존심 때문에 길을 묻지 않아 1년 동안 평균 444km나 헛주행을 한다는 조사 결과를 보도한 적이 있다(이민규 ≪실행이 답이다≫ 참조).

인간관계와 자기계발 분야에서 가장 영향력 있는 강사이자 ≪당신이 나를 위한 바로 그 사람인가요?≫ 등의 베스트셀러 저자인 바버라 드 앤젤리스는 남자들의 이러한 특징을 다음과 같이 비꼬아 표현했다.

"남자들은 보통 모든 것을 가진 척하며 도움은 필요 없다고 말한다. 오로지 자신에게만 의존한다. 그렇기 때문에 원하는 것을 요청하는 것은 능력이 없음을 의미한다. 도움을 요청하는 것은 필요를 뜻하고 필요는 나약함을 의미한다. 나약함은 당신이 남자가 아니라는 사실을 말한다. 따라서 내가 부탁한다면 나는 남자가 아니다."

사실 도움을 요청하는 것은 무능함을 인정하는 것이 아니라 더 빨리 길을 찾을 수 있고 유능함에 이를 수 있는 최선의 방법인데 말이다.

그런 면에서 언론사 부장으로 일하는 최 모 박사는 현명한 사람이다. 그는 논문 작성을 위해 통계처리를 하던 중 해결되지 않는 부분이 있어 곤란을 겪었다. 통계학책을 사서 보았지만 그래도 의문이 풀리지 않았다. 어떻게 할까 고민하다가 책의 저자에게 연락을 취해 도움을 요청했고, 저자는 친절하게도 직접 만나서 도움을 주겠다고 하면서 최 박사가 이해하지 못하는 부분은 물론 다른 것들까지 가르쳐주었다. 그 덕분에 논문을 완성할 수 있었다.

지금은 내비게이션이 있어서 길을 물어볼 일이 거의 없어졌지만, 과거 내비게이션이 없던 시절에도 나는 길을 잘 찾아다닌다는 소리를 들었다. 지도도 잘 볼 줄 모르는 내가 강연 장소를 찾아가는 요령은 '물어보는 것'이었다. 강연을 의뢰한 사람이 구두로 어느 사거리에서 우회전해서 어쩌고저쩌고 설명하면 "예, 알겠습니다" 대답을 하고는 일단 그곳으로 가서 목적지가 보이지 않으면 차문을 열고 물어보았다. 두세 사람한테만 물어보면 원하는 목적지에 정확하게 도착할 수 있었다. 길을 물어보는 나를 무능하다거나 바보라고 생각한 사람이 있었을까? 한 사람도 없었을 것이다.

'한 번 길을 잃는 것보다 두 번 물어보는 것이 더 낫다.'

덴마크 속담이다.

▌ 과거를 잊으면 미래가 보인다 ▌

화려한 이력의 삶을 살다가 은퇴한 사람들이 새로운 일을 시작했다가 실패의 쓴잔을 마시는 경우를 종종 보게 된다. 그 이유 중 하나는 "그래도 내가 왕년에는 이런 사람이었는데, 어떻게 도움을 요청할 수 있겠어"라며 아무것도 하지 못하기 때문이다.

자존심이 강한 사람은 인간관계에 서툰 경우가 많다. 상대방이 자신을 어떻게 생각할까에 지나치게 신경을 곤두세우거나 남들과 비교하면서 자신의 품위와 가치를 굳세게 지켜가려고 한다. 그러다 보니 어쩌다 거절을 당하기라도 하면 품위에 손상을 입었다고 인식하여 상처를 받는다. 의견에 대한 반대도 자신을 공격하거나 무시하는 것으로 확대해석하여 분노하거나 오해를 한다. 반면에 자존감이 높은 사람은 외부로부터 영향을 받기보다 내면의 가치를 소중하게 여긴다. 남들이 자신을 어떻게 보든 크게 개의치 않고 행동하며 자신의 선택에 당당하게 책임질 줄 안다.

금융회사 CEO 출신으로 택시기사가 되어 유명해진 김기선 씨는 자존감이 높은 분이다. 그는 친구 셋과 함께 은퇴 후에 어떤 일을 해야 하나 이야기를 나누다가 한날한시에 택시기사가 되기로 결의하고 멀쩡한 CEO 자리를 박차고 나와 택시업계에 발을 들여놓았다. 주변의 만류가 꽤 있었지만 "택시기사는 정년 없이 일할 수 있으니 얼마나 좋은가. 나이 먹어 가게 문 열고 있으면 어떤 손님이 들어오겠어?"라며 택시기사가 좋은 이유를 즐겁게 대변했고, "술주정하는 손님, 봉사료 주고 가는 초등학생 등 특이한 승객들을 태우면 오늘도 책에 쓸 이야깃거리가 생겼구나"라고 생각했다.

한번은 이런 일도 있었다. 승객이 그의 보물인 택시 안에 침을 뱉기에 그러시면 안 된다고 했더니, 한 번 뱉을 때마다 1만 원씩 주면 될 거 아니냐고 하는 것이 아닌가. 그는 흥분하지 않고 지켜보자는 심정으로 내버려 두었다. 그런데 승객의 말은 거짓이 아니었다. 7번의 침을 뱉고는 7만 원을 내놓은 것이었다. 그 돈으로 친구들에게 슬리퍼를 사주었다고 한다. 그는 이러한 이야기들을 모아 ≪즐거워라 택시인생≫이라는 책을 출간하기까지 했다. 그는 방송에도 출연하여 행복해지려면 남의 시선, 나이, 체면을 버릴 것을 주문했다. 이 얼마나 멋진 삶인가!

높은 자존감으로 당당하게 선택하고 요청하며 세상의 박수를 받으며 살 것인가, 아니면 과거 속에 자신을 가둔 채 자존심을 내세우며 실패와 동정의 삶을 살 것인가. 분명한 사실은 자존심을 걸면 자존심이 상한다는 것이다.

잘못된 관념에
목숨 걸지 마라

사람들이 요청을 꺼리는 이유는 성장 과정에서 잘못 주입받은 관념 탓일 수도 있다. 가정이나 학교에서 부모와 교사들이 요청하기를 꺼리거나 하지 못하게 했을 수도 있고, 사회적 관습이나 종교, 문화 등을 통해 알게 모르게 요청에 대한 부정적 인식을 학습받았을 수도 있다. 그중 대표적인 것들을 알아보자.

▌ 폐 끼치지 마라? ▌

우리는 누군가에게 도움을 요청하는 것은 폐를 끼치는 일이기에 '가능한 한 폐를 끼쳐서는 안 된다'는 얘기를 참으로 많이 들으면서 살아왔다. 가정에서도 "너는 남에게 폐 끼치면서 도움만 받고 살래, 아니면 남에게 폐 끼치지 않고 도움을 주면서 살래?"와 같은 말을 자주 듣게 된다.

나의 경우도 그랬다. 아버지는 음식을 배달시켜서 먹는 것을 아주 싫어하셨다. "식당에 가서 먹으면 될 것을 왜 배달을 시켜서 식당 직원들에게 폐를 끼치느냐"며 배달을 못하게 하셨다. 요청은 곧 폐를 끼치는 일이라고 생각하신 것이다. 그런 아버지의 영향을 받아서인지 지금도 나는 음식 배달을 잘 시키지 않는 편이다.

▎거절이 미덕이다? ▎

'폐 끼치지 마라'의 연장선상에서 '거절이 미덕'이라는 말을 삶의 지혜로 알고 살아온 사람들도 적지 않다. 그들은 요청이 필요한 상황에서도 하지 않아 기회를 놓쳐버리거나 뜻밖의 손해를 본다.

한 친구가 저녁 시간에 집에 왔다. 저녁을 먹었느냐고 물었더니 먹었단다. 우리 부부는 그런 줄 알았다. 그래서 차나 한잔 하자며 차를 대접했다. 다음에 그 친구를 만났는데 이런 말을 했다.

"사실, 그날 저녁을 먹지 않아서 몹시 배가 고팠어. 폐를 끼칠까 봐 먹었다고 한 건데, 차만 내놓아서 섭섭했다."

친구는 저녁을 먹지 않았어도 먹었다고 거절하는 것이 미덕인 줄 알았던 것이다. "저녁을 먹지 않았으니 밥 좀 주세요"라고 당당하게 요청했으면 좋았을 텐데 말이다.

나도 그렇다. 친구가 먹었다고 하는 말을 곧이곧대로 듣지 말고 먹지 않았을 것이라고 알아차려서 저녁을 대접했어야 했다. 말 그대로 센스가 부족했다.

| 받는 것보다 주는 것이 행복하다? |

성경에 "주는 것이 받는 것보다 복이 있다"(사도행전 20장 35절)는 구절이 있다. 영어 성경에는 "There is more happiness in giving than in receiving(주는 것이 받는 것보다 더 행복하다)"으로 되어 있는데, 후자의 표현이 더 와 닿는다. 그런데 종교를 가지고 있거나 교육을 많이 받은 사람들 가운데 이 말을 오해해서 '자신을 위해서 요청하는 일이 이기적인 것은 아닌가' 하여 도움 요청을 주저하는 경우를 많이 본다. 하지만 그것은 도움을 받는 것이 한편으로는 주는 것이라는 점을 모르는 행동이다.

정신과 전문의 이동식 박사는 불교적 관점을 정신 치료에 적용하여 쓴 ≪현대인의 정신건강≫이라는 책에서 '주는 것'과 '받는 것'은 별개의 것이 아니라 동일한 것임을 다음과 같이 설명한다.

"한 5, 6년 전 일인가 보다. 철학회에서 미국 모 대학의 동양어학과의 주임 교수로 있으면서 불교를 연구하는 교수의 동서의 신앙을 비교하는 강연을 들은 일이 있다. 요지는 서양에서는 신앙과 지혜가 분리되어 있는데, 동양에서는 분리가 안 되고 일치되어 있다는 것이었다.

강연이 끝나고 불고기집에 가서 소주를 마시면서 인사를 나누고 귀국하기 전에 한번 만나기로 하고 시간을 내서 호텔로 찾아갔다. 그는 마실 것을 시키면서 늘 학생들에게 강의를 하다 보니 주기만 하고 받는 것이 없다며 짜증스럽다고 했다.

나는 늘 환자들을 치료할 때 자주 예로 들던 핑퐁에 빗대어 '주는 것'과 '받는 것'에 구별이 없다고 말해주었다. 한편에서 서브를 넣어주면 그 공을 잘 받아 넘기는 것이 곧 주는 것이다. 처음에는 잘 알아듣지 못하는 것

같더니 장황한 나의 설명을 듣고는 이해가 되는 듯 얼굴에 생기가 돌고 눈을 반짝였다."

주는 것이 받는 것이며, 둘 다 행복한 일이다. 줄 것이 있으면 당당하게 주고, 요청할 일이 있으면 당당하게 요청하는 것, 그것이 진정 행복하게 성공하는 길이다.

▌ 알아서 해줄 거야? ▌

명절이 되어 형제들이 모였다. 음식을 만들기 시작했는데 아랫동서가 아직 도착하지 않았다. 오후 1시가 넘어 도착한 동서를 보는 형님의 표정이 심상치 않다.

내일 아침 일찍 회의를 갖기로 했다. 퇴근하면서 팀장이 "내일 아침 회의에서 봅시다"라고 말했다. 다음 날, 팀장은 7시에 도착했는데 팀원들은 8시가 다 되어 출근했다. 팀장의 얼굴이 심하게 일그러진다.

배우자의 생일날이다. 마음먹고 백화점에 들러 반지를 샀다. 이 정도면 만족할 거라 생각하고 집에 들어가 "짠!" 하면서 선물을 전해주었는데, 아내의 얼굴에 실망의 빛이 역력하다. 남편은 그런 아내의 행동이 못마땅해 "또 그런다니까. 다음에 선물 사주나 봐라" 하고는 문을 쾅 닫고 밖으로 나간다.

우리의 일상생활에서 흔히 볼 수 있는 풍경이다. 당연히 알아서 해주겠거니 했는데, 막상 보면 실망스러운 점들뿐이다. 문제는 상대방만이 아니라 당사자에게도 있다. 몇 시까지 오라고 정확하게 요청했다면, 아내가 원하는 것이 무엇인지 미리 물었다면 문제가 일어나지 않았을 것이다.

"당신이 최고의 점쟁이나 심령술사와 결혼한 것이 아니라면 배우자에게 아주 또렷하게 자신이 원하는 것을 말해줄 수 있는 용기와 지적 능력을 갖고 있어야 한다. 그렇지 않으면 배우자는 결코 당신이 바라는 것을 알지 못할 것이다."

잭 캔필드와 마크 빅터 한센의 ≪부탁 좀 합시다≫에 나오는 말이다. 알아서 해주는 사람은 드물다. 거의 없다고 해도 과언이 아니다. 그래서 미리, 정확히 요청할 필요가 있다. 내가 먼저 요청하기만 해도 불필요한 오해나 그로 인한 마찰을 피할 수 있다.

▌ 자기 일은 스스로 하라? ▌

예나 지금이나 부모들은 아이들의 자립심을 키워주기 위해 '자기 일은 스스로 알아서 하라'는 말을 입에 달고 산다. 맞는 말이다. 하지만 이 말을 신봉하게 되면 요청 불능의 사람이 될 공산이 크다.

"너는 혼자서 그것도 못하니?"
"왜 나한테 묻지? 스스로 할 수 있는데."
"너는 왜 바보처럼 묻기만 하니?"

이 같은 말들을 반복적으로 듣다 보면 아이들은 자기 스스로 하지 않으면 '내가 무능한 것'이라는 고정관념에 사로잡힐 가능성이 높다. 따라서 자녀가 진정으로 더 크게 성공하기를 원한다면 '자기 일은 스스로 알아서 하되, 남의 도움을 받으면 더 큰 성공을 거둘 수 있다'고 가르쳐주어야 한다. 중요한 것은 스스로 할 일과 도움을 요청할 일을 구분할 줄 아는 안목을 키워주는 것이다. 자녀의 요청에 합리적인 이유가 있을 때는 들어주고, 알아서 할 수 있는 일은 스스로 하도록 친절하게 설명해줌으로써 요청을 통해 얻는 이익이 더 크다는 사실을 경험할 수 있게 해주는 것이 부모의 참된 지혜다.

▎ 베이비부머들의 딜레마 ▎

요즘 베이비부머 세대의 은퇴와 노후 대비 문제가 사회적 관심사로 떠올랐다. 이 세대는 '자기 일은 스스로 알아서 하라'라는 말을 신조 삼아 실천해온 사람들로 열심히 노력해서 학업을 마치고, 돈을 벌고, 결혼하고, 자녀 교육을 시켰다. 그런데 문제가 생겼다. 부모님께는 "제가 알아서 하겠습니다" 했지만, 자녀들에게는 알아서 하라고 요청하지 못하고 교육은 물론 결혼과 집 장만까지 책임을 지게 되면서 정작 자신들의 노후 대비는 해놓지 못한 딜레마에 빠진 것이다.

이 같은 현상은 미국도 마찬가지인 모양이다. 미국의 경제 전문 사이트 마켓워치(Market Watch)는 2013년 7월 16일자 기사에서 '베이비부머 세대 부모들이 자녀들에게 말하지 못한 10가지'라는 제목으로 베이비부머

들의 속마음을 전했다(이데일리, 2013. 7. 17)

"유산은 기대하지 말고 내 돈에서 손 떼."
"너희 집에 우리가 들어가 살 방을 만들어놓으렴."
"너희를 위해 우리가 희생한 거 원망할 거야."
"살쪘다고 뭐라 하지 마."

결론은 '너희들에게 물려줄 돈이 없으니 너희 인생은 너희가 알아서 살라'는 말이다. 그런데 그 말을 하고 싶어도 하지 못하는 것이다. 이처럼 베이비부머 세대는 부모에게도, 자녀에게도 요청하지 못하는 요청 불능의 시대를 살아왔다. 그 무거운 짐을 조금이나 덜어보고자 한다면 이제는 자녀에게도 요청할 줄 아는 부모가 되어야 하지 않을까?

안 될 것이라는
편견에 도전하라

무슨 일을 하려고 하면 나이와 자격, 성별, 입찰 규정 등 제한 조건 때문에 시도조차 못해보고 마는 경우가 허다하다. 이때 범인(凡人)들은 제한 조건 때문에 안 된다고 말하는 반면에, 위인(偉人)들은 한계라고 생각하는 일에 과감히 도전하고 조건 변경을 요구하거나 조건은 안 되지만 허락해달라고 요청해서 불가능해 보이는 일들을 성취한다.

▍불가능을 가능케 한 정주영 회장의 요청 ▍

고 정주영 회장이야말로 요청으로 무에서 유를 창조한 대표적인 인물이다.

1970년대 초반 박정희 대통령으로부터 조선소를 지어달라는 요청을 받은 정 회장은 가장 시급한 문제인 돈을 마련하는 데 3가지 난제가 있었다. 먼저 은행에서 돈을 빌리려면 사업계획서와 추천서가 필요했다. 그는 황량한 조선소 부지 사진 한 장을 달랑 들고 영국 런던으로 날아가 선박 컨설팅회사인 A&P애플도어의 찰스 롱바톰 회장을 만나 주머니에 있는 500원짜리 지폐를 보여주면서 영국은 1800년대부터 조선을 시작했지만 한국은 그보다 300년 앞선 1500년대에 이미 거북선을 만들어 일본군을 무찔렀다고 하면서 추천서를 받아냈다. 이 추천서를 근거로 버클레이즈 은행으로부터 차관을 제공하겠다는 약속까지 받았다. 그러나 마지막 관문인 수출신용보증국에서는 조선소도 없고 선박 건조 경험도 없는 현대건설을 믿을 수 없다며 선박 수주계약서를 가지고 와야 차관을 승인해주겠다고 했다. 정 회장은 그리스의 선박왕 리바노스를 찾아가 유리한 조건으로 배를 만들어주겠다며 요청하여 유조선 2척을 수주함으로써 우리나라 선박산업의 새 시대를 여는 주인공이 되었다. 불가능할 것이라는 모두의 예상을 깨고 제한 조건들을 넘어 일을 성사시킨 것이다.

▌ 나이 제한을 뚫고 취업에 성공하다 ▌

모 방송사의 정인수(가명) 부장은 대학 졸업 후 건설회사에 들어갔다. 그런데 일이 적성에 맞지 않았다. 결국 2년 정도 근무하다가 대학 시절부터 꿈꾸어오던 방송사 취업을 위해 과감하게 사표를 내고 시험 준비를 하게 되었고, 어느 정도 자신감을 갖게 되었다. 그런데 막상 지원을 하려고 신입사원 모집요강을 살펴보니 나이 제한에 걸려 있었다. 건설회사를 그만둔 시점에서는 문제가 되지 않았는데, 그새 규정이 바뀌어 제한 나이가 낮아졌던 것이다. 이런 상황에서 보통 사람 같으면 그냥 포기하고 말았을

지 모른다. 하지만 그는 달랐다.

　정 부장은 방송사의 인사팀을 찾아갔다. 담당자에게 전년도 기준대로 선발하는 줄 알고 회사까지 그만두고 준비해왔는데 어떻게 하면 좋겠느냐며 진지하게 상의를 했다. 담당자는 진지하게 도움을 요청하는 그의 사정이 딱하다고 생각했는지 일단 입사지원서를 제출하고 시험을 보라고 했다. 그는 치열한 경쟁을 뚫고 마침내 그토록 원하던 방송사 직원이 되었다.

　지금 그는 부장으로 승진하여 매우 행복한 직장생활을 영위하고 있다. 입사 기준 때문에 어쩔 수 없다고 생각할 수 있는 상황에서도 당당히 요청한 덕분이었다.

▌ 룰을 바꾼 시각장애인 학생 ▌

한국인 최초의 시각장애인 박사, 백악관 국가장애위원회 정책차관보, 유엔 세계장애위원회 부의장 겸 루스벨트재단 고문으로 7억 명에 달하는 세계 장애인들의 복지 향상을 위해 헌신했던 인물. 그가 바로 온갖 편견에 맞서 강력한 요청으로 장벽을 극복하고 아름다운 인간 승리를 거둔 고 강영우 박사(1944~2012)다.

　강 박사는 중학생 때 축구를 하다가 눈에 축구공을 맞고 시력을 잃은 후 서울맹학교에 진학하여 자신의 꿈을 키워나갔다. 1967년 10월에는 서울을 방문한 퍼킨스 캘리포니아주립대 교육대학장으로부터 학부에서 교육학을 전공하고 대학원에서 재활상담학이나 특수교육학을 전공하는 것이 좋겠다는 조언을 듣고는 더욱 공부에 힘을 쏟았고, 1968년 연세대학에 입학원서를 제출하게 되었다.

그런데 그만 시각장애인이라는 이유로 입학을 거절당했다. 시험 기회조차 주지 않는 부당한 현실에 분노하여 항의했지만 받아들여지지 않자 한국기독교교회협의회 총무 김관석 목사를 찾아가 도움을 요청했고, 김 목사가 김윤석 연세대학 총무처장에게 시험을 볼 수 있도록 도와달라고 요청함으로써 학칙이 변경되어 시험에 합격할 수 있었다. 그는 면접에서 "학부를 마치고 미국에 유학을 가서 공부한 후 우리나라 특수교육 발전에 공헌하고 싶다", "헬렌 켈러는 장애를 세 가지나 가지고도 해냈는데, 한 가지 장애밖에 없는 내가 못할 것도 없다"고 자신 있게 말하며 수십 대 일의 경쟁을 뚫고 10등으로 교육학과에 들어갔다. 대학에서는 시험을 잘 보았음에도 불구하고 시각장애인이라는 이유로 점수를 아무렇게나 주는 교수에게 구술을 할 테니 다시 시험을 보게 해달라고 요청해서 98점을 받은 일도 있었다.

연세대학교 문과대학을 차석으로 졸업한 강 박사는 피츠버그대학원에 지원, 합격 통보를 받았다. 하지만 신체장애를 유학의 결격사유로 정해놓은 문교부(지금의 교육부)의 법조항 때문에 유학을 포기해야 하는 상황에 처했다. 그는 한국과 미국의 유력 인사들이 한국의 재건과 부흥을 위해 설립한 한미재단(American-Korean Foundation)을 찾아가 도움을 청했고 학교 등의 지원을 받아 법조항이 삭제되는 성과를 거두게 되었다. 문제는 거기서 끝나지 않았다. 최후의 관문인 종합건강검진에서도 시각장애로 해외여행에 지장이 있다는 소견을 가진 의사에게 "시각장애 외에는 아무 지장이 없다고 써주십시오"라고 부탁하여 한국인 최초로 시각장애인으로서 유학의 길에 오를 수 있었다. 또한 장애인 봉사활동을 나와 자신을 도와주던 누나에게 청혼하여 결혼에 성공했다. 그리고 마침내 미국 행정부 최고위직에 오른 최초의 한국인이 되었다.

강 박사는 장애인들을 비롯한 수많은 사람들에게 희망과 긍정 그리고 요청이 왜 중요한지를 자신의 삶으로 보여준 우리 시대의 위인이었다.

▎ 금리 인하를 요청하라 ▎

우리 사회에는 떳떳이 요청할 수 있는 것임에도 불구하고 잘못된 인식으로 주저하거나 지레 포기하는 일들이 참으로 많다. 그중의 하나가 '금리 인하 요구권'이다.

금융기관에서 대출을 받은 후 금리가 낮아졌거나 신용 조건이 개선되었는데도 전과 동일하게 이자를 부담하는 경우가 적지 않다. 이는 대출자들이 약정 기간이 남아 있어 금리 인하가 불가능할 것으로 알고 금리 인하를 요청하지 않기 때문이지만, 분명히 금리 인하 요구권이라는 제도가 있음에도 불구하고 이를 고객들에게 적극적으로 알려주지 않는 은행 탓이 크다.

신용 조건에 변화가 있었다면 만기와 상관없이 즉시 은행 지점에 가서 금리 인하를 요청할 수 있다. 여기서 신용 조건의 변화란 취업, 더 나은 직장으로의 이동(전문 자격 취득 포함), 연봉 인상, 승진, 재산 증가, 부채 감소 등 신용등급 평가에 유리하게 작용되는 사항들을 말한다.

▌통역을 요청하라 ▌

해외여행이나 출장 중에 갑자기 탈이 났는데 의사와의 의사소통 문제로 애를 먹는 일이 심심찮게 발생한다. 갖가지 증상들을 모국어도 아닌 외국어로 표현하기란 외국어를 꽤 잘한다는 사람에게도 결코 쉽지 않은 문제다. 이럴 때 '통역 요구권'을 이용하면 문제를 간단히 해결할 수 있다.

"통역을 요청하십시오. 이것은 여러분의 권리입니다. 그리고 이것은 법이기도 합니다. 연방법과 주법은 종합병원과 개인병원이 영어를 유창하게 하지 못하는 환자들에게 통역과 번역된 자료를 제공하도록 명시하고 있습니다. 진찰, 치료, 투약 및 지시를 정확하게 받으려면 의사소통이 중요합니다. 자녀, 가족 또는 이웃이 아니라 의학 용어를 이해하는 전문 통역의 도움을 받아야 합니다."(미국 샌프란시스코 시내의 벽 광고)

위 내용은 영어로 소통하는 데 어려움이 있는 외국인들이 병원에서 진료나 치료를 받을 때 통역이나 번역 서비스를 이용할 수 있도록 배려하여 게시한 안내 광고다. 미국 행정기관의 섬세한 배려가 놀랍다.

▌약값 할인을 요청하라 ▌

약국에 가면 약봉지나 약통에 가격이 표시되어 있는 것을 볼 수 있다. 그런데 이 가격이 정찰제가 아니라는 사실을 알고 있는가?

2013년 8월 22일 소비자문제연구소인 컨슈머리서치가 서울의 약국들을 대상으로 보험이 적용되지 않는 비급여 전문의약품 6종의 가격을 조사한 결과, 약국마다 가격이 전문의약품의 경우에는 40~60%, 일반의

약품의 경우에는 20~40%의 차이를 보였다고 한다.

이러한 현상이 나타나는 것은 1999년 3월부터 시행된 '의약품 판매자 가격표시제' 때문이다. 제조업자에 의한 가격표시제도(표준소매가격제도)가 시행되어오다가 공정 경쟁으로 약값 인하를 유도함으로써 국민 부담을 줄여주겠다는 취지로 약국 등 최종 판매자에 의한 가격표시제도로 바뀌었는데, 이것이 오히려 약국이 폭리를 취하는 수단으로 전락하고 말았다.

약값은 보건소에 문의하거나 인터넷으로 비교해볼 수 있으며, 이미 비싼 가격으로 약을 구입한 경우에는 보건소나 소비자단체에 연락하여 중재를 요청하면 된다. 약값은 정찰제가 아니므로 얼마든지 할인을 요구할 수 있다.

▌ 승진을 요청하라 ▌

대부분의 직장인들은 상사에게 승진을 요청하는 것이 부적절한 처사라고 생각하는 것 같다. 그러나 때로는 요청이 승진 여부를 결정하는 변수가 되기도 한다는 점을 알아야 한다.

일전에 N바이오라는 회사의 임원교육에 강사로 초청받아 간 적이 있다. 강연이 끝나고 전무 한 분이 강의 내용 중에서 '요청' 부분이 인상적이었다고 하면서 이와 관련한 사례를 들려주었다.

언젠가 지방 출장을 가게 되었는데, 동행한 J 과장이 차 안에서 "현재의 급여로는 아이들을 키우면서 도저히 생활할 수가 없습니다. 전무님! 저 이번에 꼭 진급시켜주셔야 합니다"라고 말하더란다. 그런데 그날 이후로

J 과장의 말이 계속 머릿속을 맴돌았다고 한다. 결국 전무는 그해 진급 심사에서 J 과장을 팀장으로 진급시키지 않을 수 없었다고 말했다.

내게도 이와 유사한 경험이 있다. 대기업에서 팀장으로 근무할 때였다. 나보다 한 살 아래의 부하직원이 있었는데, 베테랑 영업소장 출신으로 강의도 잘하고 폭넓은 실전 경험에다 순발력도 있었다. 그런데 입사가 늦고 학력이 고졸이어서 동년배들보다 직급이 낮은 편이었다.

그가 하루는 "팀장님께 부탁드리고 싶은 것이 있습니다"라며 말을 걸어왔다. 무슨 말인지 해보라고 했더니 "제 나이에 아직 대리라는 사실이 늘 부끄럽습니다. 제가 내년에 과장 진급 대상인데, 지금으로 봐서는 진급하기가 몹시 어려울 것 같습니다. 올해 특진을 시켜주시면 내년에 과장으로 승진하는 데 유리할 것 같으니 꼭 특진을 시켜주시면 감사하겠습니다"라고 요청하는 것이 아닌가.

이야기를 듣고 보니 그동안의 업적도 있고 나이도 그렇고 특진이 필요해 보였다. 나는 임원에게 그의 특진을 상신(上申)했고 임원이 받아들여, 그는 1년 후 무난히 과장으로 승진하게 되었다.

어느 조직에서나 승진은 경쟁이 치열하다. 능력이나 업적에서 명백하게 차이가 난다면 모를까 엇비슷한 조건이라면 승진자와 탈락자를 가려내기가 여간 어려운 일이 아니다. 이때는 작은 차이가 결정적인 변수가 될 수 있다. 그것은 바로 '승진을 요청하는 것'이다. 요청하는 자가 기회를 선점하는 법이다.

낮은 자긍심,
생각을 바꾸면 높일 수 있다

맥아더 장군은 인천상륙작전 후 폐허가 된 인천 시내를 바라보며 한국은 100년 내에는 도저히 일어날 수 없다고 단정하듯 말했다. 만약 그대로 되었다면 그의 말은 우리에게 저주가 되었을 것이다. 그러나 우리나라는 불과 60년도 되지 않아 지구상에서 유일하게 원조를 받던 나라에서 원조를 주는 나라로, 세계 최고 수준의 스마트폰과 선박, 자동차를 전 세계에 수출하는 나라로, 한류 스타들이 가는 곳마다 환대를 받고 한국어를 배우고 싶어 하는 지구인들이 줄을 서는 나라로 탈바꿈했다.

이만하면 한국인들의 자긍심이 높을 것도 같은데, 실제로는 매우 낮은 것으로 나타났다. 김형국 중앙대 국제관계학과 교수가 만 19세 이상 국민 1,003명을 대상으로 '한국인의 삶의 풍요인식 결정요인 연구'를 진행한 결과에 따르면, 국가에 대한 자긍심 수준이 5점 만점에 3점이 채 안 되는 것으로 조사되었다(한국일보 2012. 6. 7). 경제적 풍요에 대한 인식 역시 기준에 크게 못 미치는 수준으로 드러났다.

이 같은 현상은 개인의 자아관에도 그대로 투영되어 요청을 방해하는 요인으로 작용한다. 그들은 이렇게 생각한다.

'설마 내가 부탁하면 들어주겠어?'

'내가 이런 걸 요청할 자격이 있을까?'

'내가 아니어도 도움을 요청하는 사람들이 많을 텐데, 나까지…'

'여자인 내가 요청해서 무엇을 얻을 수 있을까?'

'전에 요청해보았지만 들어준 적이 한 번도 없었다니까.'

'나 같이 배경도 없는 사람이 요청한다고 될까?'

▌ 학습된 무기력 ▌

'학습된 무기력(learned helplessness)'이란 불가피한 환경에 반복적으로 노출된 경험 때문에 자신의 능력으로 문제를 극복할 수 있음에도 불구하고 자포자기하고 아무것도 하지 않는 것을 의미한다.

미국의 심리학자 마틴 셀리그먼과 동료들은 24마리의 개를 세 집단으로 나누어 상자에 넣고 A 집단에는 코로 조작기를 누르면 전기충격이 차단되게 해놓았고, B 집단에는 조작기를 눌러도 전기충격을 차단할 수 없을 뿐 아니라 몸을 묶어놓아 그 상황을 모면할 수 없게 만들었다. 반면 C 집단에는 전기충격을 가하지 않고 내버려두었다. 그리고 이들 세 집단 모두 뛰어오르기만 하면 중앙에 있는 담을 넘어갈 수 있게 만들어놓았다.

24시간 후 개들을 다른 상자로 옮겨 전기충격을 가했다. 그랬더니 A, C 집단의 개들은 이리저리 뛰다가 담을 넘어 전기충격을 피했으나, B 집단의 개들은 끙끙거리기만 할 뿐 아무런 대응도 하지 않고 구석에 웅크리고 앉아 충격을 그대로 받아들였다. 어떤 행동을 해도 도저히 벗어날 수 없을 것이라는 무기력이 학습되었던 것이다.

사람도 마찬가지다. 성장 과정에서 같은 말을 계속해서 반복적으로 듣다 보면 자기도 모르게 그런 사람이 되어버린다. 요청 또한 두려운 상태를 넘어 아예 요청할 생각조차 하지 않는 학습된 무기력 증상을 보이게 된다. 아래와 같은 말들이 그런 증상을 조장한다.

"너는 그런 것도 못하니?"

"또 그 소리야! 지겹다, 지겨워!"

"그만 좀 괴롭혀라."

"다른 사람에 대한 배려는 눈을 씻고 찾아봐도 없구나."

"제대로 안 할 거면 아무 말도 하지 마."

"입 다물고 시키는 일이나 해!"

이런 말을 들었다고 해서 모든 사람이 무기력에 빠지거나 자긍심이 낮아지는 것은 아니다. 상처의 언어에도 상처받지 않고 당당하게 일어서는 사람들도 있다. 그들은 사고방식이 다르다. '세상 그 누구도 나를 비하하거나 무시할 권한을 갖고 있지 않다'고 생각한다. 설사 상처를 받는다 해도 '상처 때문에' 오히려 더 꿋꿋한 존재로 살아가기로 결심한다. 그 순간

삶에 새로운 가능성이 열린다.

상처는 주는 사람의 문제가 아니라 받는 사람의 문제일 수 있다. 결국 자긍심의 문제일 수 있다. 나는 이 책을 읽는 당신이 어떤 경우에도 위축되지 않을 수 있는, 충분한 자격을 가진 사람이라고 생각한다. 자긍심을 가지고 용기를 내서 자신을 위한 선택을 하고 당당히 요청하기 바란다.

4

어떻게 요청할 것인가

요청의 성공률을 높이는 12가지 방법

POWER OF ASKING

일단,
요청하라!

요청의 중요성은 알고 있지만 이를 실행하는 방법을 잘 모르는 경우가 많은 것 같다. 요청에도 준비가 필요하고 터득해야 할 기술이 있다. 그래야 실패하지 않고 원하는 것을 얻을 수 있다.

내가 속한 모임의 한 멤버가 재무설계 일을 시작했는데, 어느 날 모임에서 "새로운 일을 시작했습니다. 금융상품이나 재테크에 관한 도움이 필요하신 분들은 연락주세요"라고 인사를 했다. 그랬던 그가 한동안 모습을 보이지 않았다. 알아보니 회원들이 그를 도와주지 않아 섭섭한 나머지 탈퇴한 것이었다. 자기 딴에는 알아서 도와줄 거라 기대했는데, 별 반응이 없는 것을 보고 실망했던 모양이었다.

요청에 관한 최악의 사례는 바로 이런 경우다. 알아서 도움을 주겠지 하고 기대했지만 그에 미치지 않자 토라지는 것이다. 하지만 큰 오산이다. 세상에 스스로 알아서 도와주는 사람은 없다. 도움을 필요로 하는 사람이 누구에게, 어떻게 요청할 것인지를 사전에 준비해서 정확하게 알리지 않으면 아무도 반응을 보이지 않는다.

요청에는 기술이 필요하다. 기술이 없으면 요청에 성공할 수 없고, 행운도 따라주지 않는다. 철저하게 준비해서 요청하는 사람만이 얻을 수 있고, 세상은 준비해서 요청하는 자에게만 답을 한다.

▌ 왜 포드는 친구를 도와주지 않았을까? ▌

판매왕 지그 지글러가 세일즈에 관해 쓴 책 ≪정상으로 가는 길≫을 보면 다음과 같은 내용이 나온다.

미국의 자동차왕 헨리 포드가 가입한 아주 끔찍한 보험증권에 관한 이야기가 디트로이트 신문에 실렸다. 포드의 가까운 친구가 보험사업을 하고 있었는데, 그 기사를 보고는 포드에게 "도대체 왜 내 보험에는 가입하지 않느냐?"고 따졌다. 포드는 이렇게 대답했다.

"자넨 가입을 권유한 적이 없잖아!"

포드의 대답은 어떤 상황, 언제, 누구에게든지, 어떠한 물건을 팔든지 우리 모두에게 교훈이 된다.

당연히 포드는 친구가 무슨 일을 하고 있는지 알고 있었을 것이다. 잘못은 포드가 알아서 친구에게 도움을 주지 않은 것이 아니라, 영향력 있는 위치에 있으니 알아서 도와줄 것이라고 생각하고 도움을 요청하지 않은 친구에게 있다. 이 책에서 지그 지글러가 '언제든지 주문을 요청할 것'을 강조한 것도 그와 같은 이유에서다.

▌ 대기업 회장을 도와주고 한 푼도 못 받은 사연 ▌

최창조 전 서울대 지리학과 교수는 1984년 미신으로 취급받던 풍수를 학술적으로 정리하여 ≪한국의 풍수사상≫이라는 책을 출간함으로써 풍수의 새로운 기원을 마련한 주인공이다. 하지만 "풍수도 학문이냐?"는 비아냥과 비난이 일자 1992년 홀연히 사표를 내고 서울대를 떠났다. 그 후로는 주로 연구와 집필에 몰두하면서 전직 대통령이나 대기업 회장 같은 유명 인사들에게 풍수 관련 조언을 해주며 전보다 더 큰 영향력을 발휘했다. 회장의 고문역으로 공장과 사옥 이전, 묏자리 결정 등에 참여하고 인생과 경영 관련 자문도 해주었다. 모 회장은 명절에 그를 가족들 식사에 초대하여 자녀들에게 절까지 시켰다고 하니 그의 위상이 어땠을지 능히 짐작이 된다.

그런데 한번은 L그룹의 공장 터를 봐주고 나서 한 푼의 사례도 받지 못한 일이 있었다고 한다. 그날은 회장이 직접 와서 함께 땅을 보기로 했기 때문에 꽤 많은 사례금을 기대했는데, 한 임원이 오더니 "교수님은 돈 드리는 것을 모욕으로 여기신다고 들었습니다"라고 말했다는 것이다. 최 교수는 그 임원에게 "저는 돈 받는 것을 전혀 모욕으로 생각하지 않습니다"라는 말을 차마 할 수 없었노라며 껄껄 웃었다. 천하의 풍수 전문가도 요청의 기술에는 약했던 것일까?

열정으로 요청하라

"당신이 필사적으로 원한다면 그것이 무엇이든 가질 수 있다. 살갗을 뚫고 올라올 만큼 열정으로 가득하고 천지를 창조할 때의 에너지를 지닌 것처럼 원하는 것에 몰두하라."

미국 칼럼니스트 실라 그레이엄의 말이다. 모든 성공자들에게서 발견할 수 있는 공통점 중 하나가 '열정'이다. 큰 소리를 내는 것과 같은 외적인 열정도 필요하지만, 어떤 난관에 직면해서도 반드시 극복하고야 말겠다는 내적인 열정이야말로 상대방을 감동시키는 원동력이다. 열정을 가진 사람은 진실해 보이며 매력적으로 인식될 가능성이 높다.

요청에도 열정이 묻어나야 한다. 열정을 품은 요청은 상대방의 마음을 움직여 궁극적으로 원하는 결과를 얻을 수 있게 한다.

┃ 안 되면 죽는다 ┃

2013년 3월, 장영식 회장이 경영하는 일본의 면세점 전문업체 에이산(永山)에서 삼성SDI 배터리를 장착한 전기자전거를 출시했다. 면세점 사업이 외국인 관광객 수에 따라 부침이 심하자 장 회장이 새로운 성장 동력을 모색한 끝에 기존의 것보다 가격이 훨씬 싸면서 비슷한 성능을 가진 전기자전거에 대한 수요가 있을 것으로 판단하여 추진한 결과였다.

장 회장은 처음에 중국 전역을 다니며 배터리를 찾아보았다고 한다. 하지만 성능이 모두 마음에 들지 않아 결국 지인의 소개로 어렵게 삼성SDI와 접촉하게 되었다. 삼성SDI는 무명에 가까운 업체에 냉담한 태도를 보였다. 협상 테이블에 앉으려고도 하지 않는 것을 장 회장이 열정과 끈기를 갖고 "가격만 낮추면 전기자전거 시장은 폭발적으로 성장한다", "좋은 제품을 누구나 살 수 있도록 만드는 기술 자체가 사회 공헌"이라며 삼성SDI를 끈질기게 설득했고, 6개월간의 노력 끝에 동의를 이끌어낼 수 있었다.

장 회장은 여기서 그치지 않고 배터리에 'SAMSUNG SDI'를 새기게 해달라고 요청했다. 하지만 거절을 당했다. 장 회장은 "이름을 달 수 없다는 것은 제품에 책임을 지지 않겠다는 것인데, 삼성이 추구하는 기업 이념과 맞는 것이냐?"며 대의명분을 내세워 재차 요청했고, 결국 삼성의 허락을 받아내게 되었다. 전기자동차 이름도 '갤럭시 파워'로 붙여서 삼성전자의 스마트폰 갤럭시 시리즈를 연상하는 전략을 택했다.

장영식 회장은 무일푼으로 일본에 건너가 노점상으로 출발해서 '안 되면 죽는다'는 경영 철학으로 유통 분야에까지 진출하여 큰 성공을 거둔 사람이다. 그리고 지금은 다시 새로 출시한 전기자전거를 3년 이내에 10

만 대 이상 팔아 10% 이상의 시잠점유율을 확보하겠다는 비전으로 열정을 불태우고 있다.

▌무조건 무조건이야 ▌

'무조건 무조건이야'를 회자시킨 노래 '무조건'을 부른 가수 박상철은 영화〈전국노래자랑〉의 실제 주인공으로도 잘 알려져 있다. 그는 어릴 적 가수가 되고자 했던 꿈을 이루기 위해 자신의 노래 제목대로 무조건 요청을 통해 오늘에 이르렀다.

강원도 삼척시 동막골, 전기도 들어오지 않는 마을에서 태어난 그는 방학 때 대학생 자원봉사자들이 동네에 와서 개최한 노래자랑대회에서 상을 받고 가수의 꿈을 꾸게 되었다. 고등학교 졸업과 동시에 상경해서는 무작정 작곡실을 찾아가 가수가 되게 해달라며 도움을 요청했다. 녹음비가 필요하다고 해서 아파트 건설 현장에서 막일을 하며 열심히 저축한 돈 1,000만 원을 작곡실에 갖다주었는데, 정작 녹음한 것은 자기 노래가 아니라 남의 노래였다. 황당한 처사에 분노하여 강하게 따졌지만 돌아온 대답은 "내가 노래를 가르쳐준 것만 해도 몇 천만 원은 될 것이다"라는 소리뿐이었다.

그는 이 일로 큰 충격을 받은 나머지 방황을 시작했다. 노숙자가 되어 지하철 벤치나 계단에서 잠을 자기도 했다. 그렇게 가수의 꿈은 영영 멀어지는 듯했다. 하지만 수개월 후 다시 정신을 차리고 미용실에 찾아가 기술을 가르쳐달라고 요청하여 일하며 배운 기술로 고향에 미용실을 차리게 되었다. 재기에 성공한 그는 미용실 한 켠에 노래연습실을 차려놓고 노래를 부르며 가수에 대한 열망의 끈을 이어갔고, 마침 고향에서 개최된 KBS 〈전국노래자랑〉에 출연하여 최우수상을 받았다. 이 일을 계기로 강원도 지역에서 〈전국노래자랑〉이 열릴 때마다 담당 PD를 찾아가 가수를 시켜달라며 도움을 요청했고, "나는 가수 만드는 PD가 아니다"라는 거절에도 다시 찾아가서 요청하기를 멈추지 않았다. 그러면서 현장 진행요원으로 일하던 가수 배일호 씨를 소개받고 그를 통해 가수 박현진을 만나게 되었으며 매주 삼척과 서울을 오가며 노래를 배울 수 있었다. 그리고 〈전국노래자랑〉 출연 7년 만인 2000년에 드디어 첫 앨범을 냈다.

첫 관문을 통과했다는 기쁨도 잠시, 방송국을 찾아가 자신의 노래를 틀어달라고 요청했지만 문전박대를 당하기 일쑤였다. 할 수 없어 돌아가는 길을 택했다. 남대문과 동대문의 대형 의류매장과 버스, 택시를 돌며 CD를 나눠주고 노래를 틀어달라고 부탁했다. 노래 외에도 대역 연기와 노래교실 강습, 방송 출연 등 자신의 얼굴을 알리는 일이면 무엇이든 닥치는 대로 했다. 그리고 마침내 사람들의 관심을 사기 시작했는데, 묘하게도 노래가 아닌 연기 때문이었다.

서툰 그의 연기를 본 시청자들이 연기력이 형편없다고 혹평하는 글을 인터넷에 올리면서 누리꾼들이 "도대체 저 대역배우가 누구냐?"고 물었고, '자옥이'를 부른 무명의 가수라는 사실이 서서히 알려지게 되었다. 이와 더불어 노래교실에서 털어놓은 그의 살아온 이야기가 청중의 감동을 자아내면서 자발적으로 결성된 팬클럽이 박상철 홍보에 적극 나서기 시작했다. TV프로그램에 나가 그의 노래를 부르는 팬클럽 회원도 있었다.

이렇게 해서 드디어 박상철이라는 이름이 빛을 발하기 시작했다.

　무슨 일을 하건 열정은 목표를 향해 달려나갈 수 있게 하는 추진력이 된다. 또한 나의 약점을 덮어주고 상대방을 감동시킨다. 목표를 향한 뜨거운 열정을 가지고 도움을 요청해보라. 분명 쨍하고 해 뜰 날이 올 것이다. 박상철이 그랬던 것처럼.

요청할 만한
사람에게 요청하라

졸저 ≪키맨 네트워크≫를 통해서 'NBO(Networking By Objectives) 이론'을 소개한 바 있다. NBO는 '목표 달성에 도움이 되는 키맨으로부터 필요한 자원을 동원하여 효과적으로 문제를 해결하는 의도적이고 주도적인 네트워킹'을 의미한다. 목표를 달성하려면 '오케이(OK!)', 즉 목표와 키맨(Objectives & Key Man)이 필요하다.

일반적으로 '목표 관리'라고 하면 달성해야 할 수치만 생각하는 경향이 있다. 그런데 정작 중요한 것은 누구의 도움을 받으면 좋을지를 아는 것(know-who)이다. 그중에서도 키맨의 역할은 절대적이다. 그의 영향력이 목표 달성 여부를 좌우할 정도로 크기 때문이다. 영향력이 1인 사람이 100명 있다면 이들을 통해 동원할 수 있는 영향력은 1일 가능성이 높다. 하지만 영향력이 100인 사람은 혼자서도 100의 영향력을 발휘한다. 키맨은 반드시 사회적 지위가 높거나 권력이 강한 사람이 아닐 수도 있다.

목표 달성에 도움이 될 만한 역량, 정보, 노하우, 아이디어, 네트워크 등을 소유한 사람이라면 누구든 훌륭한 키맨이라고 할 수 있다.

▌최고에게 요청하라 ▌

모 회사에서 성과가 부진한 영업사원들을 대상으로 실시하는 교육에 강사로 참여한 적이 있다. 강의 중에 "이 회사에서 영업을 제일 잘하는 직원을 알고 있느냐?"고 했더니 대부분 그가 누구인지 알고 있었다. 그런데 "최고의 세일즈맨에게 어떻게 하면 좋을지 찾아가 묻고 도움을 요청해보신 분 있습니까?" 했더니 아무도 손을 들지 않았다. "이유가 무엇입니까?"라고 되물었더니 "노하우인데 가르쳐주겠습니까?", "자존심 때문에…", "그 사람과 우리는 다르니까요" 등의 대답이 나왔다. 그런데 경쟁사나 다른 업종의 영업사원들은 그에게 찾아와 배움을 구하거나 강의를 요청하는 경우도 있다고 했다. 결과적으로 그들은 쓸데없는 자존심 때문에 가까이에 있는 보배 같은 존재에게 아무런 배움도 요청하지 않았던 것이다. 나는 어쩌면 이것이 그들의 진짜 문제일지 모른다는 생각을 했다.

혼자서 해결하려면 1주일 걸릴 일을 성공자는 한순간에 해결할 수 있는 경험과 안목이 있다. 그들에게 도움을 요청하는 데 주저해서는 안 된다. 혹시나 겪게 될지 모르는 약간의 수모나 창피함은 장차 맞이할 미래의 영광과 비교할 수 없을 테니 말이다.

도와줄 수 있는 사람에게 요청하라

미국 브로드웨이의 최고 무대미술가요 산업디자인의 거장으로 유명했던 노만 벨 게데스. 그는 수중에 있는 단돈 5달러 83센트를 만지작거리며 공원 벤치에 앉아 있었다. 누군가가 놓고 간 잡지 한 권이 눈에 들어와 들춰보다가 당시 저명한 은행가였던 오토 칸의 말이 시선에 꽂혔다.

"백만장자는 예술가를 도와야 한다."

게데스는 그 말에 몹시 흥분되었다. 곧바로 우체국으로 달려가 무대미술가가 되려는 자신의 꿈과 자신이 처한 현재 상황을 솔직히 적어 도움을 요청하는 편지를 써서 칸에게 부쳤다.

다음 날 게데스는 칸으로부터 400달러를 받았고, 이 돈을 들고 뉴욕으로 가 오페라의 무대미술을 맡을 수 있는 기회를 얻었다. 이를 계기로 그는 역사가 기억하는 전설적인 무대미술가 중 한 사람이 되었음은 물론, 콘셉트카 등 산업디자인 분야에서도 국제적인 명성을 날리게 되었다. 요청을 들어줄 만한 사람을 제대로 찾은 결과였다.

통찰력 있는 사람에게 요청하라

1959년 12월, 도쿄에 간 이병철 회장은 김포공항에 폭설이 내리는 바람에 귀국을 미루게 되었다. 다시 호텔로 돌아가 TV를 켰는데, 마침 경제 관련 프로그램이 방영되고 있었다. 세계 경제의 동향에 대한 토론이었는데, 그 내용이 한국에서는 접할 수 없는 고급 정보들이었다. 귀가 번쩍 뜨인 이 회장은 일정을 늦추고 며칠 더 일본에 머물면서 관련 인사들을 만나보기로 했다. 언론사의 경제부 기자와 석학, 기업가 들을 초대하여 식사를 함께하면서 성공한 기업들과 실패한 기업들이 무엇 때문에 그렇게 되었는지, 새해에 유망한 분야는 어디인지 등에 관한 정보와 분석을 요청했다. 이를 통해 기자들로부터는 생생한 경제 현장과 언론에 알려지지 않은 뒷얘기까지 시장의 이면을 들여다볼 수 있는 이야기를, 석학들로부터는 경제 이론과 재계의 상황 등 생각을 정리하는 데 도움이 되는 내용을, 기업가들로부터는 경영자로서 어떻게 판단하고 행동해야 할지를 가늠하게 해주는 구체적인 성공과 실패 사례들을 배울 수 있었다.

이 회장은 이때의 경험에 큰 자극을 받아 연말연시마다 도쿄에 머물면서 한편으로는 방송과 신문의 연말 특집 프로그램들을 통해 경제의 흐름에 대한 감을 익혔고, 한편으로는 키맨들을 만나면서 새해 사업 구상을 정리했다. 이른바 이병철 회장의 '도쿄 구상(構想)'이다. 이 도쿄 구상이 오늘의 삼성그룹을 만드는 데 지대한 역할을 했음은 물론이다.

경영자는 필요한 인재가 누구인지, 새로운 통찰력과 고급 정보를 줄 수 있는 인물이 누구인지를 알아보고 기꺼이 도움을 요청할 줄 알아야 한다. 생존을 위협하는 변화의 소용돌이가 비즈니스 환경을 맴돌고 있는 상황에서 경영자가 사무실 안에 갇혀 독단에 빠진 채 타인의 의견을 듣지 않는다면 그 기업에는 미래가 없다. 경영자의 올바른 요청이 위대한 기업을 만든다.

진정성을 가지고 요청하라

상대방의 마음을 움직이는 가장 확실한 방법은 진정성이다. 진정으로 요청하는 사람에게 매몰차게 거절하기란 어려운 법이기 때문이다. ≪착한 요청≫의 저자인 비케이 안 박사는 비영리단체의 모금 전략을 강의하고 컨설팅하면서 "요청에 성공하기 위해 가장 중요한 요소 한 가지를 말하라면 무엇인가요?"라는 질문을 끊임없이 받는데, 자신의 대답은 싱겁게도 '진정성'이라는 결론에 이르게 된다고 말했다.

▋ 조폭 두목을 움직인 선생님의 간절한 요청 ▋

〈파파로티〉는 실화를 바탕으로 만들어진 영화다. 이탈리아 유학생으로 오페라단의 일원이 되어 세계적인 성악가의 길을 걸어가던 상진(한석규 분)은 갑자기 성대에 이상이 생겨 활동을 접고 귀국하여 고등학교 음악교

사로 일하고 있었는데, 교장 선생으로부터 말도 안 되는 미션을 부여받는다. 비록 건달이긴 하지만 성악에 탁월한 재능을 가진 장호(이제훈 분)를 잘 지도해서 콩쿠르에서 1등을 할 수 있도록 하라는 것이다. 사실 이는 콩쿠르 입상을 통해 학교의 이름을 알리려는 교장 선생의 꼼수였다.

하지만 상진은 기본이 안 된 조폭 주제에 클래식을 한다는 것이 영 못마땅하다. 다른 학생들에게 노래를 가르쳐주다가도 장호의 순서가 되면 수업을 끝내며 "똥인지 된장인지 먹어봐야 아나?"며 외면하고 무시한다. 그래도 장호는 포기하지 않고 왜 노래를 가르쳐주지 않느냐고 항의하며 지도해달라고 요청한다.

어느 날 상진은 그런 장호를 집으로 불러 자신은 피아노를 치고 장호에게 노래를 시키는데, 장호의 아름다운 목소리와 가창력에 가족 모두가 놀라움을 금치 못한다. 상진도 겉으로는 내색하지 않았지만 타고난 장호의 재능에 감탄하며 이탈리아에서 이루지 못한 자신의 꿈을 장호를 통해 이룰 수 있겠다고 예감한다.

상진은 장호를 조폭에서 구해내 노래에 전념하게 해야겠다는 일념으로 두목을 찾아가 장호는 여기에 있을 사람이 아니라며 내보내달라고 사정한다. "내 손을 끊으면 피아노를 칠 수 없으니 내 발을 끊어서라도 장호를 내어달라"고 진심으로 요청한다. 두목은 말도 안 되는 소리라며 욕을 하면서도 속으로는 '나는 왜 저런 선생이 없었는지'라며 부러워한다. 결국 장호는 조폭의 세계에서 나와 콩쿠르에서 입상을 하고 독일로 유학을 떠난다. 그리고 상진이 이루지 못한 꿈을 이루고 세계적인 성악가가 되어 세종문화회관에서 독창회를 연다.

장호는 비록 무례하고 건방진 조폭이었지만 상진에게 진심으로 노래를 가르쳐줄 것을 요청하여 지도를 받게 되었고, 신체의 한 부분을 절단해서라도 제자를 구하고자 했던 상진은 그 진정성으로 조폭 두목의 마음을 움직였다.

▌ F 학점의 위기를 모면하다 ▌

나는 정상적인 학업 과정을 밟지 못했다. 가난했던 부모님은 자식을 대학에 보내는 것이 어려워 기계공고에 진학할 것을 권했다. 고등학교 3학년 때 경제 발전을 위해서는 이론과 실무를 겸비한 산업역군이 필요하다는 사회적 공감대가 형성되면서 공대생의 30%는 의무적으로 공고 출신을 선발하라는 입시 규정이 생겨 대학에 들어갈 수 있는 유리한 환경이 만들어졌지만, 그 역시 가정 형편 때문에 포기해야 했다.

고등학교 졸업과 동시에 정부에서 선발하는 방위산업체 품질관리 요원 모집에 합격해서 교육을 받았다. 5년간 근무하면 병역을 면제받을 수 있다는 희망을 갖고 지방에 있는 방위산업체로 갔다. 그런데 업체에서는 공장증설 계획이 취소되었다며 품질관리 업무가 아니라 기계를 잡으라고 했다. 병역 면제라는 혜택만 보고 적성에도 맞지 않는 공장에 다니는 것은 나의 길이 아니라는 생각에 몇 개월 일하다가 사표를 내고 나왔다.

그냥 놀고 있자니 가족들에게 미안하고 불편해서 9급 공무원 시험을 쳤는데 합격이 되었다. 그렇게 해서 9개월간 공무원 생활을 경험했고, 비록 어린 나이였지만 일을 참 잘한다는 소리를 들었던 것 같다. 그리고 군대에 갔다.

제대를 앞두고 생각이 복잡해졌다. 복직도 나쁘지 않을 것 같았지만, 여기서 더 공부를 하지 않으면 대학 문턱에는 들어가보지도 못하고 평생 부모님을 원망하며 살게 될 것 같다는 생각이 들었다. 제대와 동시에 미련 없이 사표를 냈다. 휴직을 할 수도 있었으나 그렇게 하면 적당히 공부를 하게 될 것 같아 배수의 진을 친 것이다. 모든 것을 건다는 각오로 공부를 했고, 다행히 4개월 20일 만에 학력고사를 치르고 대학에 합격했다.

예비역으로 대학생이 되었기에 공부에 대한 생각이 남달랐다. 그런데 첫 학기부터 시련이 찾아왔다. 영어회화 수업을 들었는데 매주 듣기 시험이 있었다. 첫 시험 시간, 감독으로 들어온 조교가 절대 고개를 돌리지 말라고 주의를 주었다. 그런데 시험이 끝날 때쯤 볼펜을 내려놓고는 그만 뒤를 돌아보고 말았다. 미심쩍었던 문제가 있어 잘 들었느냐고 물어보려던 것이었다. 그것을 본 조교가 나를 부정행위자로 지목했고 F 학점으로 처리해서 다음 날 게시판에 공고했다.

나는 답안지를 수정한 것도 아닌데 졸지에 부정행위자로 몰려 많은 사람들에게 낙인이 찍혔다는 사실이 속상하고 억울했다. 그 즉시 조교를 찾아가 내가 부정행위를 했느냐고 항의했더니, 그렇지는 않지만 뒤를 돌아보았기 때문에 어쩔 수 없다, 이미 교수에게 보고를 했고 공고를 했기 때문에 되돌릴 수가 없다고 했다.

적지 않은 나이에 대학에 들어와 첫 학기에 F 학점을 받다니, 그것도 부정행위자로 지목되다니, 도저히 받아들일 수가 없었다(나는 대학 4년 내내 커닝을 해본 적이 없다. 양심상 도저히 받아들일 수 없었기 때문이다).

수시로 조교를 찾아가 F 학점을 철회해줄 것을 요청했다. 조교는 나의 요청을 더 이상 외면할 수 없다고 생각했는지 저녁에 커피숍에서 만나자고 했다. 나는 대학에 들어오기까지 살아온 과정을 얘기하면서 첫 학기를 불명예로 마칠 수는 없다고 진정 어린 호소를 했다.

"미안하다. 사실 부정행위를 하지 않은 것을 아는데, 앞으로 커닝 행위를 미연에 방지하고자 본때를 보여주기 위해서였다."

조교는 오히려 내게 사과를 하면서 교수에게 말씀드려 F 학점을 철회할 수 있게 하겠다고 말했다. 다음 날 교수가 부른다기에 갔더니 F 학점은 면하게 해주겠다며 다시는 오해받을 행동을 하지 말라고 했다. 결국 그 과목에서 A+ 학점을 받았다. 물론 그 뒤로는 시험을 치고 나서도 절대로 고개를 돌리지 않았고, 열심히 공부하여 졸업할 때까지 전액 장학금을 받으며 학교를 다녔다. 어쩌면 나는 뜻하지 않은 그 사건으로 절대 비양심적인 행위를 하지 않았다는 것을 증명하기 위해 더 열심히 노력했는지도 모른다.

그런데 참으로 아이러니하다. 졸업 후 김영삼 정부가 들어서고 가짜 박사학위 파동이 일어나 대학을 떠난 교수들이 많았는데, 오해받을 행동을 하지 말라고 했던 그 교수가 바로 그런 교수들 중 한 사람으로 판명난 것이다. 그는 대학을 그만두고 도망치듯 미국으로 가서 아이스크림 가게를 차렸다고 한다.

진정성이 중요하다. 진정성이 사람의 마음을 움직이고 상황을 반전시킨다. 또한 진정성은 열정으로 이어진다. 진정성이 있으면 열정적으로 요청할 수 있고, 열정적으로 요청하는 사람에게는 진정성이 있어 보인다. 진정성을 보여주면 상대방이 나를 신뢰하게 되며 나의 요청을 들어줄 가능성이 높아진다.

노력하는 모습을
보여주며 요청하라

누군가에게 요청하여 원하는 결과를 얻어내는 것은 그리 쉬운 일이 아니다. 무조건 열심히 한다고 되는 것이 아니라 얼마나 열심히 했는지를 보여주어야 상대방의 마음을 움직일 수 있다. 자신은 제대로 하지 않으면서 남의 도움만 요청한다면 어쩌다 한두 번은 통할 수 있을지 몰라도 결국은 신뢰를 잃고 원하는 결과도 얻을 수 없게 된다.

▌ 누가 이런 딸의 요청을 거절할 수 있을까? ▌

자녀를 키우다 보면 모든 것을 희생해서 후원했건만 고마워하기는커녕 당연하게 생각하며 끊임없이 요청만 하는 모습에 부모로서 섭섭한 마음이 들거나 배신감마저 느낄 때가 있다. 학비와 생활비를 대느라 허리가 휘어지는 판에 친구를 만나야 한다고, 여행을 가야 한다고, 심지어 해외여행을 가겠다며 손을 내미는 자녀를 보면 '무자식 상팔자'라는 말이 저절로 떠오른다.

그런가 하면 부모로서 해줄 것 다 해주고도 조금도 아깝지 않고 요청하는 대로 들어줄 수밖에 없는 자녀가 있다. 공부를 비롯해서 자신의 본분에 충실하고 무언가를 요구하기에 앞서 먼저 준비하는 자녀가 그렇다.

포스코건설에 다니고 있는 지인이 있다. 그에게 대학생 딸이 있는데, 방학 때마다 해외여행을 다녀온다고 했다. 평범한 직장인이 해외여행을 자주 보내다니 대단해 보였다. 그런데 알고 보니 그런 것이 아니었다. 딸이 학기 중에 아르바이트로 번 돈을 고스란히 저축한 다음 어디로 여행을 가고자 하는데 얼마가 부족하니 도와달라고 했다는 것이다. 게다가 학업에도 충실하고 자기 할 일을 알아서 잘해온 딸이었다. 그런 딸이 스스로 여행 경비를 마련해놓고 도움을 요청하는데 어떤 부모가 거절할 수 있겠는가. 아마 빚을 내서라도 기꺼이 도와주게 될 것이다.

▮ "조금만 도와주시면 할 수 있어요" ▮

한국의 '헬렌 켈러'로 불리는 재일 한국인 김수림. 그녀는 오른쪽 귀가 아예 들리지 않고 왼쪽 귀도 보청기를 껴야 겨우 자동차 경적 소리를 들을 수 있는 장애에도 불구하고 한국어, 영어, 일어, 스페인어 등 4개 국어를 유창하게 구사하며, 지금은 세계적 금융회사인 골드만삭스에 이어 크레디트 스위스 일본지사에서 법무심사관으로 일하고 있다. 2011년 출간된 자서전 ≪살면서 포기해야 할 것은 없다≫가 베스트셀러에 오르고 방송과 신문을 타면서 더욱 유명해졌다.

그녀는 2살 때 부모가 이혼했고, 4살 때 처음 본 아버지는 그녀를 시골의 먼 친척집에 맡기고 떠나버렸다. 6살 때 청력을 잃었고, 돈 벌어 온다며 떠났다가 4년 만에 돌아온 엄마를 따라 12살 때 일본으로 건너갔다. 술집에서 일하며 다른 남자들과 술 취한 모습으로 흥청거리는 엄마를 지켜보며 청소년기를 보내야 했다. 정상적인 성장이 어려운 상황이었지만, 그녀는 달랐다. 왕따를 당하지 않으려고 최선을 다해 일본어를 익혔고, 인생의 무기를 가져야 한다는 생각에 영국에서 2년간 영어를 배웠다. 또 3년간 30여 개국을 여행하면서 스페인어를 배웠다. 그런데 소리도 제대로 듣지 못하는 사람이 어떻게 언어를 습득했을까?

일본에서는 자신을 욕하는 친구들의 입 모양을 따라 하며 일본어를 배웠고, 영국에서는 선생님의 성대 울림, 혀의 움직임, 공기의 양을 하나하나 직접 살피고 만져가며 영어를 배웠다. 상상도 못했던 일이지만, 선생님이 그녀의 손을 잡아 자신의 목에 가져다 대며 진동을 느끼도록 이끌었다. 참 좋은 선생님을 만난 것이다. 하지만 아무리 좋은 선생님이라 해도 계속해서 목을 만지는 것이 좋지는 않았을 것이다. 그녀는 "여기서 조금만 저를 더 도와주시면 할 수 있습니다"라고 말하며 선생님의 도움을 받았다. 다른 사람들에게도 그렇게 도움을 요청했고, 사람들은 그런 그녀를 기꺼이 도와주었다.

어제보다 조금 더 나아진 모습으로 간절하게 도움을 요청하는 그녀를 아무도 거절할 수 없었을 것이다. 나 역시 하루에 18시간씩 영어에 몰입해서 공부했다는 그녀의 모습을 상상하며 도와주고 싶은 마음이 절로 들었으니까.

▮ 돈도 신용도 없이 '맥도날드 신화'가 되다 ▮

후지타 덴(藤田田)은 1971년 맥도날드일본을 설립하여 2003년 은퇴할 때까지 32년간 회장 겸 최고경영자로 활약했던 입지전적 인물이다.

그는 1965년 와세다대학을 졸업한 후 전자부품회사에 다니다가 맥도날드를 일본에 들여와 사업을 하겠다고 결심했다. 하지만 맥도날드는 가맹점이 되려면 재력과 신뢰할 만한 자격이 있어야 한다며 75만 달러(약 8억 원)의 현금과 지명도 있는 은행의 신용보증을 요구했다. 그때 후지타에게는 직장생활을 하며 모아둔 5만 달러밖에 없었고, 도움을 줄 만한 사람도 많지 않아 융통을 한다 해도 4만 달러가 될까 말까 한 정도였다.

그는 양복을 말끔히 차려입고 쓰미토모은행의 행장을 찾아가 정중히 대출과 신용보증을 요청했다. 누가 보더라도 불가능한 요청이었다. 하지만 그는 은행장에게 양해를 구하고 자신이 5만 달러를 어떻게 모았는지를 설명했다. 지난 5년 동안 매월 월급의 3분의 1을 저축해왔으며 저축할 돈이 없을 때는 대출을 받아서라도 정해진 날짜에 빠짐없이 통장에 넣었다. 그렇게 한 이유는 대학을 졸업하면서 향후 10년 안에 10만 달러를 모아 자신의 사업을 해보겠다는 계획이 있었기 때문이라고 이야기했다.

그의 이야기를 듣고 난 은행장은 거래 은행이 어디인지를 묻고는 오후에 연락을 주겠다고 하고 곧바로 차를 타고 후지타가 말한 은행을 찾아갔다. 그리고 여직원으로부터 다음과 같은 이야기를 들었다.

"후지타는 제가 만난 사람 가운데 가장 열정적이고 예의 바른 청년입니다. 6년 동안 한 번도 빠짐없이 비가 오나 눈이 오나 같은 날짜에 찾아와 저축을 하고 갔습니다. 그렇게 철저하고 건실한 젊은이는 처음 봅니다. 정말 존경스러울 정도입니다."

다시 사무실로 돌아온 은행장은 곧바로 후지타에게 전화를 걸어 담보 없이 대출을 해주겠다고 약속했다. 후지타의 성실함과 도전정신에 감동했다면서 장차 반드시 성공할 것이라는 격려도 아끼지 않았다. 이후 후지타는 은행장의 예언(?)대로 '일본 햄버거의 아버지', '맥도날드 신화의 주인공'으로 불리며 일본 외식업계의 거물이 되었다.

평소의 노력을 통해 쌓아놓은 신뢰는 위기 상황에서 반드시 빛을 발하게 되어 있다. 누구나 어느 날 갑자기 요청이 필요할 때가 온다. 그때 요청의 성공 확률을 높이는 가장 확실한 방법은 노력이라는 자본을 착실히 축적하는 것이다.

끈기 있게 요청하라

지금까지 살아오면서 후회되는 일은 무엇인가? '그때 한 번 더 ~했더라면…' 하고 돌아보게 되는 일이 있을 것이다. 사랑했던 그 사람에게 한 번 더 구애해볼걸, 거래처 직원에게 한 번 더 요청해볼걸, 친구에게 한 번 더 같이 가자고 해볼걸… 하는 식으로 말이다. 만약 좀 더 '끈기'가 있었다면 이 같은 후회도 하지 않았을 것이다.

195번의 거절, 196번의 요청

마이사이몬(www.mysimon.com)이 세계 최초의 온라인 가격비교 사이트라는 사실은 비교적 잘 알려져 있다. 하지만 이를 만든 주인공이 재미교포 1.5세라는 사실을 아는 사람은 그리 많지 않다.

1976년 마이클 양(양민정)은 14살의 나이에 가족과 함께 미국 캘리포니아 새너제이로 이민을 떠나 UC버클리대학에서 전자공학을 공부한 뒤 반도체 설계사로 일했다. 어느 날 그는 아내가 "전자상거래 사이트 가격이 제각각이어서 너무 불편해요"라며 불평하듯 말하는 것을 보고 순간적으로 '그래, 온라인 가격비교 사이트를 만들어보자'는 아이디어를 떠올리게 되었고, 벤처사업가인 고모부의 조언을 받아 '마이사이몬'을 만들었다.

문제는 사업자금이었다. 벤처캐피털회사를 찾아다니며 투자를 요청했지만 195번이나 거절을 당했다. 196번째 방문한 회사에서 마침내 빛을 보았다. 유치한 돈이 2만 5,000달러로 큰 금액은 아니었지만, 이를 통해 1998년 자신의 회사를 창업했다. 반응은 예상 초월이었다. 회원들이 급속도로 늘어나기 시작하면서 세상이 주목하는 벤처기업으로 부상했고, 불과 창업 2년 만인 2000년에 세계적 온라인 기술회사인 씨넷(CNET)에 7억 달러를 받고 매각하기에 이르렀다.

고약한 고객의 마음을 사로잡다

방문판매회사에 강의하러 갔다가 세일즈 성공 사례를 발표하는 한 여성에게서 들은 이야기다. 영업 초기에 한 가게를 방문했는데, 남자 사장이 마구 화를 내면서 욕을 해댔다. 심지어 "재수 없다!"는 모욕적인 말까지 들었다. 그녀는 얼마나 속이 상했던지 당장 때려치우려고 했다. 남편에게 얘기하면 "왜 그런 일을 해. 당장 그만둬!"라는 말이 나올 것이 뻔하고, 혼자서 하염없이 눈물을 흘렸다. 그러다가 '여기서 무너지면 앞으로 다른 무슨 일을 할 수 있을까?'라는 생각이 들었고, 고객 입장에서 생각하면 수도 없이 찾아오는 세일즈맨들 때문에 화가 날 것도 같았다. 그래서 마음을 단단히 고쳐먹고는 다시 그 가게에 가보기로 했다.

사장이 그나마 편한 시간이 언제일까를 고려하여 비타민 음료를 한 박스 사들고 가서는 "어제는 바쁘신 영업시간에 방해를 드린 것 같아 죄송했습니다. 용서해주세요"라며 음료수를 내놓으니 사장이 도리어 머쓱한 표정을 지었다. 그 표정에서 자신도 화를 내서 미안하다는 뜻을 읽을 수 있었다. 이후 사장이 그녀의 고객이 되었음은 물론이다.

화를 잘 내는 사람은 후회도 잘하는 경향이 있다. 오히려 처음에 잘해줄 것같이 굴었던 가망고객들 중에 아무런 도움을 주지 않는 경우가 적지 않다. 따라서 화를 내는 모습에 놀라 상처를 받지 말고 한 번 더 찾아가 차근차근 이야기를 풀어가면 평생 고객으로 만들 가능성이 높아진다.

위대한 세일즈맨들 중에는 강적을 만나 강자가 된 경우가 많다. 역으로 말하면 너무 쉬운 고객만 상대하는 세일즈맨은 위대한 세일즈맨이 되기 어렵다는 것이다. 강자를 만나면 '당신 잘 만났다'고 생각하라. 바로 그 사람이 나를 위대한 세일즈맨으로 만들어주는 사람이기 때문이다. 진정한 세일즈는 강한 거절에서부터 시작되는 법이다.

▌ 아파트 동대표가 된 사연 ▌

2년 전 입주한 아파트단지가 겨울 내내 시끄러웠다. 커튼월(curtain wall. 유리를 사용한 외벽 마감) 시공으로 겨울만 되면 춥고 창틀에 결로 현상이 생기는 바람에 주민들의 불만이 쌓여갔고 이것이 점차 분노로 바뀌어 건설사를 상대로 집단 항의와 시정 요구의 목소리가 터져나왔던 것이다. 주민총회가 열리는 등 도처에서 고성이 난무했다. 그런데도 건설사는 변명으로 일관하면서 주민들의 요구를 들어줄 수 없다고 했다. 참다못한 주민들이 시위를 벌여가며 강하게 나오자 건설사가 이중창 시공은 안전도에 문제가 있어 곤란하니 창틀에 하이샤시를 덧입혀주겠다는 제안을 했다. 그러자 주민들이 내분 양상을 보이기 시작했다. 주민 대표들은 건설사의 제안을 받아들이자는 쪽이었는데, 일부 목소리가 큰 사람들은 건설사의 꾐에 넘어가는 짓이라며 극렬히 반대하고 나섰다. 이대로 가다간 도저히 수습할 길이 없어 보였다.

어떻게 하는 것이 좋을까? 나는 주민들의 주장을 메모해가며 이를 적절히 조율할 방법을 강구했다. 그리고 격론이 잦아들어갈 즈음 벌떡 일어나 시공사의 안을 받아들이자고 하면서 그 이유를 조목조목 설명했다. 주민들은 조용히 내 말을 들어주었고 "여기 침묵하는 다수의 목소리에도 귀를 기울여야 합니다"라는 대목에서는 "와!" 하며 박수를 치기도 했다. 목소리 크게 반대하던 사람들도 잠자코 있었다. 결국 원만하게 주민들의 합의가 이루어지고 건설사와 타협을 보아 하이샤시를 시공하는 것으로 결론이 났다.

그런데 아뿔싸, 그것이 내게 무거운 짐이 되어 돌아올 줄이야! 입주자 대표 선출을 놓고 문제에 휘말리는 신세가 되어버린 것이다.

하이샤시 시공으로 결론이 나고 나서 얼마 후의 일이다. 2기 입주자 대표를 선출해야 하는데 5개월여가 지나도록 나서는 사람이 없어 대표회의가 구성되지 않고 있었다. 그러다가 언제부터인가 통장과 반장, 노인분들이 나를 지목해서는 대표에 출마하라고 권유하기 시작했다. 난감했다. 일단 아파트 비리를 막는 데는 여성의 역할이 중요하니 여성 후보 2명을 모셔오면 생각해보겠다고 했다. 어려운 일일 거라 짐작하며 우회적으로 거절했던 것이다. 그런데 정말로 2명의 여성을 후보로 모시고 오는 게 아닌가. 그러면서 다시 한 번 요청을 하는데 그때는 차마 거절할 수가 없었다. 게다가 단독 후보로, 회장으로까지 추대되어 내 인생에서 상상도 해보지 않았던 아파트입주자 대표회의 회장이라는 타이틀을 달게 되었다. 집요한 요청에 결국 설득되고 만 셈이다.

"해도 해도 안 돼서 포기할 마음이 들면, 내가 이것을 위해서 최선을 다했는가를 생각합니다. 그리고 혹여나 내 자신이 99도까지 왔기 때문에 아직 끓지 못할 수도 있지 않나 생각하죠. 그래서 마지막으로 다시 한 번 시도를 하죠. 그럴 때 성공하는 경우가 있습니다."

'바람의 딸' 한비야가 한 말이다. 결국 성공과 실패는 얼마나 끈기가 있느냐에 따라 좌우된다. 모든 성공에는 인내가 필요하다. 상대방으로부터 도움을 받아내는 일도 그렇다. 요청하고 또 요청하는 자가 궁극의 승리자가 되는 법이다.

상대가 들어줄 만한
환경을 조성하라

〈동아비즈니스리뷰(DBR)〉 김남국 편집장과 대화를 하는 중에 '요청'에 관한 책을 쓰고 있다고 했더니 아침마다 겪는 일이라면서 이런 이야기를 들려주었다.

출근 시간에 종로 2가에서 전단을 나누어주는 아주머니들이 많은데, 바쁘게 출근하는 직장인들은 매일같이 마주치는 일이어서 대부분 무시하고 그냥 지나친다. 그런데 한 아주머니의 성공률이 매우 높다는 것을 발견했다. '도대체 그 비결이 뭘까?' 하고 살펴보았더니 대부분의 사람들은 전단을 주며 상호를 대거나 "안녕하세요?" 같은 인사말을 하는데, 이분은 "죄송합니다", "부탁합니다" 이 두 마디 말을 사용하고 있었다. 이 말에는 '바쁘신데 불편을 드려 죄송합니다. 저는 지금 이것으로 먹고살아야 하니 꼭 받아주세요. 부탁합니다'라는 의미를 포함하는 말로 들려서 그냥 지나칠 수가 없었다. '죄송합니다', '부탁합니다'라는 단 두 마디가 바로 거절을 최소화하는 장치였던 것이다.

이처럼 요청을 하더라도 상대방이 받아들일 수밖에 없는 환경을 조성하는 지혜가 필요하다.

▌ 아침식사 전의 진주들 ▌

2007년 4월 8일자 〈워싱턴포스트〉 선데이 매거진은 '아침식사 전의 진주들'이라는 헤드라인으로 재미있는 이야기를 소개했다. 취재팀의 요청으로 몰래카메라를 설치하여 진행한 실험 결과를 알리는 내용이었다.

그해 1월 12일 금요일 오전 7시 51분, 미국이 낳은 세계적인 바이올리니스트인 조슈아 벨이 워싱턴 랑팡플라자 지하철역에 도착하여 청바지와 긴팔 티셔츠 차림에 워싱턴내셔널스팀의 야구 모자를 눌러 쓰고 케이스에서 바이올린을 꺼냈다. 그리고 주머니에 있던 1달러짜리 지폐 몇 장과 동전 몇 닢을 악기 케이스에 던져놓았다. 이른바 미끼 돈이었다. 그는 슈베르트의 '아베마리아'를 비롯한 6곡의 명곡들을 약 45분간 연주했다.

그렇다면 그날 조슈아 벨이 공연으로 벌어들인 소득은 얼마나 되었을까? 악기 케이스를 개봉하기 전 워싱턴심포니 음악감독 레너드 슬래트킨은 1,000여 명이 그곳을 지났을 텐데 적어도 75명에서 100명 정도는 잠시 서서 음악을 들었을 테고 그의 연주가 뛰어나므로 150달러 정도는 벌었을 것이라고 예상했다. 그러나 결과는 완전히 빗나갔다.

미리 설치해둔 몰래카메라에 녹화된 내용을 분석한 결과, 45분간 이곳을 통과한 사람은 모두 1,097명이었고, 잠시라도 서서 음악을 들은 사람은 단 7명, 동전 한 닢이라도 던져 넣은 사람은 27명, 그리고 바이올린 케이스에 모인 돈은 고작 32달러에 불과했다.

조슈아 벨이 그곳에서 연주하기 3일 전 보스턴심포니홀 무대에서 공연이 있었는데, 입장료가 최소 100달러였으며 그가 연주한 바이올린은 스미스소니언박물관에서 빌린 350만 달러짜리 스트라디바리우스였다고 한다. 조슈아 벨이 평소 받는 개런티도 역산하면 1분에 1,000달러쯤 된다고 한다. 그런데 워싱턴 지하철역에서는 1분에 1달러도 못 벌었던 셈이다.

이 사례는 '아침식사 전의 진주들'이라는 헤드라인이 의미하는 것처럼 가까이에 있는 정말 소중한 것들을 알아보지 못하는 경우나 브랜드의 중요성과 가치를 설명할 때 자주 인용된다. 요청도 마찬가지다. 아무리 명분이 훌륭하고 좋은 것일지라도 준비가 철저하지 못하고 환경을 제대로 조성하지 않으면 실패할 가능성이 높다.

▎ 지갑을 열게 한 거리의 악사 ▎

모 대학 경영학과 김 모 교수로부터 들은 이야기다. 그가 미국에 교환교수로 가 있을 때였다. 공원에 산책을 나갔는데 거리의 악사 한 사람이 바이올린을 신명나게 연주하고 있었다. 그의 앞에는 모금함이 놓여 있었고 지나가는 사람들이 잠시 연주를 감상하거나 모금함에 동전이나 지폐를 넣기도 했다.

김 교수는 평소에도 거리에서 구걸하거나 도와달라고 손을 내미는 사람들을 좋게 보지 않는 편이어서 그날도 '아무리 해봐라. 내가 돈을 줄 것

같냐'라며 구경만 하고 있었다. 거리의 악사도 그런 김 교수를 알아보고 반드시 공략하고야 말겠다는 생각을 했던지 가까이 다가와 웃으면서 갖가지 기교를 부렸다. 하지만 굳게 닫힌 그의 지갑은 열리지 않았다. 그랬는데 결국에는 김 교수가 돈을 꺼내 모금함에 넣고 말았다. 도대체 어떤 일이 있었던 걸까?

악사는 김 교수가 외모로 보건대 한, 중, 일 3국 중 한 사람일 것이라고 추측하고 일본과 중국의 국가를 연주했다가 아무런 반응이 없자 그때부터 애국가를 연주하기 시작했다. 김 교수는 애국가를 연주하는 악사를 보고 지갑을 열지 않고는 도무지 버티기가 어려웠다고 한다. 악사의 전략이 먹힌 것이다.

도움을 요청하는 손길을 외면할 수 없도록 만들려면 그럴 수밖에 없는 상황을 만들어내는 기술이 필요하다. 그것은 나의 절박함을 표현하는 것일 수도 있고, 상대방이 어떤 사람인지를 파악하여 효과적으로 대응하는 것일 수도 있다.

기분 좋게
요청하라

동일한 의미라도 상대방의 자존감을 높여주는 말이 있고 상처를 주거나 거부감을 주는 말이 있다. 그에 따라 상대방의 반응도 완연 달라진다. 요청에 응할 때 역시 마지못해 하는 경우가 있고 기분이 좋아서 다 들어주고 싶을 때가 있다.

좋아하는 명언 중에 '언어의 한계가 그 사람의 한계'라는 말이 있다. 20세기가 낳은 독일의 천재 철학자 루드비히 비트겐슈타인이 한 말이다. 요청하는 말에서도 그 사람의 성숙도와 성품이 드러난다.

▌ 칭찬하면서 요청하라 ▌

식당에서 반찬이 떨어졌을 때 추가로 요청하는 사람들을 관찰해보면 추가는 당연한 것이라고 생각해서인지 "반찬 좀 더 주세요"라고 명령하듯 말하는 경우가 많다. 따지고 보면 기본에다 추가로 더 준다는 것은 매우 고마운 일인데 말이다. 나는 추가를 요청할 때마다 꼭 칭찬의 표현을 곁들인다. "김치가 참 맛있는데, 좀 더 주실 수 있습니까?"라는 식으로 요청한다. "어느 분이 만드셨나요? 맛이 참 좋네요", "도대체 비법이 무엇인지 궁금합니다", "이런 김치 어디 가서 맛볼 수 있을지 모르겠네요"와 같이 칭찬하면서 추가 요청을 하면 가져다주는 사람의 얼굴에 자부심이 묻어나고 기분이 좋아져 기대 이상의 서비스를 제공받게 된다.

얼마 전에도 강원도 속초에 있는 점봉산 산채비빔밥집에서 점심을 먹는데, 점봉산에서 채취한 나물과 온갖 한약재로 만든 음식이 아주 맛있어서 나온 반찬을 깨끗이 다 먹고 추가를 요청하면서 "이런 맛을 어디에서 볼 수 있을까요? 음식 맛에 감동했습니다" 했더니 추가는 물론이고 송이버섯 한 접시가 서비스로 더 나왔다.

물론 칭찬에도 기술이 필요하다. 사실에 근거하여 구체적으로 진실한 마음으로 해야 한다. 단순히 분위기만 띄우려고 근거 없이 하는 칭찬은 무슨 의도가 있는 것으로 보여 오히려 상대방을 기분 나쁘게 만들 수도 있다.

▌ 명령형 대신 권유형을 사용하라 ▌

주변을 둘러보면 "~해라"와 같은 명령형 언어에 익숙한 사람들이 꽤 많다는 사실을 발견하게 된다. 부산에서 2년여 정도 거주한 적이 있는데, 경상도 언어 중에도 짧게 명령하는 표현이 정말 많다는 것을 알게 되었다. 대표적으로 "물 도"가 있다. 심지어 "물"이라고만 말하기도 한다. 단 한 글자로 '물 가져오라'는 명령의 뜻을 전달하는 것이다.

명령형은 간략하지만 상대방의 감정을 상하게 할 수 있다. 같은 뜻이라도 권유형으로 표현하면 훨씬 더 부드럽고 상대방을 존중하는 것으로 들린다. 권유형 표현을 익혀 상대방이 나의 요청을 기분 좋게 들어줄 수 있게 해야 한다.

물 좀 갖다 줘 → 물 좀 갖다 줄래?

전화 받으세요 → 전화 받으시겠습니까?

잠깐만요(기다리세요) → 잠깐만 기다려주시겠습니까?

도와주세요 → 도와주시겠습니까?

질문해주십쇼 → 질문해주시겠습니까?

배려하는 마음으로 요청하라

"성숙함이란 용기와 배려의 균형을 의미한다."

세계적인 경영 컨설턴트 스티븐 코비의 말이다. 요청하는 것도 마찬가지다. 용기 있게 요청하되 배려할 줄 아는 사람이 일류 요청자요, 성숙한 요청자라고 할 수 있다.

아파트단지 내에 상습적으로 주차규정을 위반하는 차가 있었다. 고급 승용차였는데 매번 주차구역이 아닌 곳에 주차하거나 두 자리를 차지하고 있었다. 지나가는 사람들마다 그 차를 보며 수군거리기도 하고 욕을 하기도 했다. 하지만 차는 여전히 제멋대로 세워져 있었다.

그런데 어느 날부터인가 그 차가 자기 자리에 올바로 주차되어 있었다. 무슨 일이 있었던 걸까? 누군가가 포스트잇에 다음과 같은 글귀를 써 붙인 다음부터였다고 한다.

"선생님! 어제 이곳을 지나는 분들이 주차 문제로 욕을 하고 지나가시던데요. 몹시 바쁘셨던 모양입니다."

차 주인에게 욕을 하거나 차를 치우라고 명령하지 않으면서 주차의 문제를 정확히 깨우쳐주는 따뜻한 배려가 깃든 내용이었다. 상대방을 기분 나쁘지 않게 하면서도 위엄 있게 요청함으로써 행동을 바꾸도록 만든 효과적인 방법이 아닐 수 없다.

▎ 조는 교육생에 대처하는 강사의 올바른 자세 ▎

서울대병원에서 의사와 간호사들을 대상으로 강의할 때였다. 2박 3일간의 교육이었는데, 첫날부터 의사 한 분이 졸고 있었다. 휴식 시간에 이야기를 나눠보니 수술이 많아 3일째 잠을 제대로 자지 못했다고 했다. 말을 듣고 보니 나라도 졸지 않을 수 없을 것 같았다. 숙소에 가서 잠부터 자고 내일부터 교육을 받는 것이 어떻겠느냐고 했더니 매우 고마워했다. 그리고 다음 날엔 정말 열심히 강의를 들었고 수시로 "배려해주셔서 감사합니다"라고 인사했다.

만약 내가 사정도 모르고 "여기 좀 보세요"라며 짜증을 내고 '도대체 의사가 말이야'라고 속으로 불평하면서 강의를 했다면 어땠을까? 서로가 아주 지루하고 효과 없는 교육이 되었을 것이다.

나도 전문 강사의 길로 들어선 초기에는 졸거나 딴청을 피우는 교육생을 보면 야단치듯 집중하라고 강요하기도 했다. 강사 중심의 사고방식에 빠져 내용 전달에 급급했던, 한마디로 배려가 부족한 미성숙한 삼류 강사였던 셈이다. 지금까지의 경험들을 통해 깨달은 것은, 설사 본인에게 귀책사유가 있다고 하더라도 사람들 앞에서 망신을 당한 교육생이 "죄송하다"며 다시 학습에 집중하는 경우는 거의 없었다는 사실이다. 그들 대부분은 책을 덮고 마음의 문도 잠근 채 강의 시간 내내 신경 쓰이게 하는 행동으로 저항하면서 나의 에너지를 빼앗아갔을 뿐이다. 결국 집중하지 않았던 교육생이 아니라 배려할 줄 몰랐던 강사 자신이 패자가 되는 것이다.

졸거나 딴청을 부리는 교육생의 행동에는 이유가 있다. 강의가 재미없거나 개인적으로 불가피한 사정이 있다. 조는 사람이 있으면 잠깐 스트레칭 시간을 갖거나 당사자가 눈치 채지 못하게 옆으로 다가가 강의하는 것이 효과적이다. 집중력도 높아지고 전체 강의 분위기도 한결 좋아진다.

▌평소에 잘하라 ▌

전에 살던 아파트에서 한 주민이 아버지 나이뻘 되는 경비원에게 "아저씨! 문 좀 열어주세요"라고 명령하듯 요청하는 것을 본 적이 있다. 심지어 소리를 지르며 '나는 주인인데 당신이 뭐야'라는 태도로 훈계하고 야단치는 모습도 여러 번 보았다.

나는 이제까지 아파트 경비원에게 아저씨라고 말해본 적이 없다. 무엇을 부탁할 때도 "선생님, 이것 좀 도와주시겠습니까?"라고 말했다. 내가 선생님으로 대하니 그들도 나를 항상 선생으로 대해주었다. 차에서 무거운 짐을 내려놓을라치면 어느새 달려와 들어주었고, 출입문 비밀번호를 누르려고 하면 어느새 문이 열렸다. 그것을 본 아내가 "여보, 저 선생님은 당신 경비인가 봐요"라고 웃으며 말하기도 했다. 이사한 지 꽤 오래되었는데 지금도 전에 살던 아파트에서 가끔 전화하시는 선생님들이 있다. 참으로 고마운 분들이다.

명령하듯 요청하는 것은 미숙한 사람의 행동이다. 자기 스스로는 위신을 세웠다며 만족스러워할지 모르지만, 사람들은 그렇게 생각하지 않는다. 도와주지 않을뿐더러 설사 도와준다고 해도 마지못해 도와주는 것일 뿐이다. 평소에 남을 존중하고 배려하여 기분 좋게 대하는 것이 성숙한 사람의 행동이다. 그런 사람이 인정을 받고, 무언가를 요청했을 때 긍정적인 반응을 얻을 수 있다.

분명하게
요청하라

기껏 요청했는데 상대방은 그것이 무엇을 말하는지 모르거나 잘못 알아들어 엉뚱한 결과를 초래하는 경우가 있다. 애매하고 불분명하게 요청하면 그 결과 또한 애매하고 불분명하게 될 가능성이 높다.

▮ 간결하게 요청하라 ▮

지나치게 장황하거나 한꺼번에 많은 것을 요청하면 상대방은 무엇을 어떻게 들어주어야 할지 알 수 없게 된다. 결국 아무것도 얻지 못할 수도 있다. 따라서 중요도와 실행 가능성을 고려하여 우선적으로 무엇을 요청할지를 결정해서 간결하게 요청하는 습관을 들여야 한다.

《부탁 좀 합시다》에 나오는 이야기다.

한 남자가 레스토랑에 들어와 여종업원에게 말했다. "보리로 된 흰 빵, 절반 정도 구워진 클럽 샌드위치를 주세요. 베이컨과 치즈를 바닥에 얹어서요. 또 치킨과 양상추, 토마토는 위에 얹으시고 마요네즈는 위아래 다 발라주세요. 크러스트를 정돈해서 네 조각으로 주시구요. 그리고 각각 피클을 하나씩 얹어주시고. 아, 집게로 고정시켜주세요. 아시겠죠?"

"네, 알겠습니다."

웨이트리스가 대답했다. 그러고는 주방으로 가서 말했다.

"요리 창조자를 위한 클럽 샌드위치 하나 주세요."

남자는 과연 어떤 음식을 먹게 되었을까?

▌ 구체적으로 요청하라 ▌

이어령 전 문화부 장관이 강연회에서 하신 말씀이 생각난다. 서양 사람들은 술집에서 주문할 때 '맥주 5병' 이렇게 명확하게 말하는데 우리나라 사람들은 '두서너 병' 혹은 '알아서' 달라고 주문을 한다는 것이다. 그런데 더 불가사의한 것은 종업원이 그 말을 알아듣고 기가 막히게 원하는 양의 술을 가져다준다는 사실이다.

잘 아는 어느 부부로부터 들은 이야기도 있다. 주말에 쉬고 있는 남편에게 아내가 외출하면서 집안일을 도와달라고 했다. 남편은 평소에 하던 대로 거실을 청소해달라는 말이겠거니 하고 청소기를 돌리고 걸레질을 했다. 그러고 나서 TV를 보다가 낮잠을 자고 있는데, 아내가 들어와서는

"세탁기 좀 돌리라고 했더니 지금 뭐하고 있어?"라며 소리를 버럭 질렀다. 남편은 열심히 거실 청소를 한 자신을 나무라는 아내에게 섭섭한 마음이 들어 버럭 화를 내면서 "그럴 거면 정확하게 얘기하지"라고 항의했고 결국 싸움이 되어 주말을 완전히 망치고 말았다.

애매한 요청으로 발생하는 오해나 다툼은 우리 일상생활에서 흔히 볼 수 있다. 가족과 이웃, 친구, 비즈니스 파트너에게 무언가를 요청할 때는 시간과 장소, 원하는 것, 양 등을 구체적으로 요청해야 한다.

잘못된 요청의 예를 들면 이런 것들이다.

집안일 좀 도와주세요. → 설거지 좀 해주실래요?

일찍 와주세요. → 저녁 7시까지 와주세요.

간식 좀 사가지고 오세요. → 사과 좀 사가지고 오시겠어요?

보고서를 속히 마감해주시기 바랍니다. → 보고서를 내일 아침 10시까지 작성해주시기 바랍니다.

1장이면 됩니다. → 1억이 필요합니다.

이번 주말에 영화 봅시다. → 이번주 토요일 저녁 7시에 OOO 영화 함께 보시겠습니까?

여러 명이니 충분하게 준비해주세요. → 10인분으로 준비해주시겠습니까?

▌정확하게 요청하라 ▌

강사료 문제로 껄끄러운 일이 생긴 적이 있었다. 한 벤처기업의 교육 담당자가 전화를 걸어 전에 근무했던 ○○신문사로부터 소개를 받았다면서 강의를 의뢰해왔다. 중소기업이라 강사료를 많이 드리지는 못하는데 강사료가 어떻게 되느냐고 해서 "시간당 ○○만 원입니다"라고 말했다.

6시간 동안 강의를 했는데, 사장도 관심을 보이며 끝까지 자리를 지켰다. 의사 출신으로 의료기기 관련 사업을 시작한 그는 많은 도움이 되었다며 감사를 표시했다. 교육 담당자도 직원 모두가 만족해한다며 좋아했다.

며칠 후 강사료가 입금되었는데, 1시간에 해당하는 금액이었다. 무언가 착오가 있겠지 생각하고 전화를 걸었다. 강사료가 잘못 입금된 것 같은데 확인해주십사 했더니 "그날 강사료가 그 금액이라고 하지 않으셨나요?"라고 반문했다. 알고 보니 담당자가 교육 경험이 없어서 시간당 강사료를 전체 금액인 줄 알았던 것이다. 나머지 5시간의 강사료를 받는 데 정말 어려움이 많았다.

하지만 이 문제는 담당자의 잘못이라기보다 전적으로 내 잘못이었다. 시간당 금액과 총액을 정확하게 알려줬어야 했는데, 교육 담당자라면 그 정도는 상식이겠거니 했던 것이다.

이런 일도 있었다. 제주도에서 열리는 경영학 학술대회에 참석했다가 골프를 치게 되었는데, 캐디가 제대로 서비스를 제공해주지 않아 몹시 불만스러웠다. 숙소에 들어와 보니 골프백에 넣어둔 돈이 보이지 않았다. 도난 사고였다. 다행히 골프장의 회장과 사장으로부터 직접 사과를 받고 사태는 원만히 해결되었다. 그것을 인연으로 강연까지 하게 되었다. 사장이

내 직업이 강사라는 것을 알고는 "제주도에 오셔서 골프도 치시고 이번 일을 교훈 삼아 직원들에게 강의를 해달라"는 것이었다.

강의 시간이 아침이라서 전날 내려가야 했는데, 마침 골프텔을 내주겠다고 해서 가족을 데리고 함께 갔다. 공짜 골프는 일부러 치지 않았다. 나의 윤리적 기준에 맞지 않아서였다. 그런데 이후에 강사료가 입금되지 않았다. 어떻게 된 일인지 물어보니 "사장님께서 말씀하지 않으셨나요?"라고 말했다. 그러고는 사장이 직접 전화해서 한다는 말이, 지난번에 드린 요청은 제주에 오시는 김에 직원들에게 잠깐 말씀해달라는 것이어서 강사료를 따로 준비하지 않았다고 했다. 1시간도 아니고 2시간이나 강의를 했는데 말이다. 도대체 이 사람이 사장이 맞는지 한심하다는 생각이 들었다. 실질적 권한이 없는 바지 사장이었는지도 모른다. 결국 그것이 직업 강사로서 강사료를 받지 못한 유일한 경우가 되었다.

그 후 모 기업에서 강의를 하다가 제주에서 겪은 얘기를 했더니 혹시 ○○골프장 아니냐고 했다. 그분도 그 골프장에서 기분 나쁜 경험을 했던 것이다. 나중에 제주에 가보니 그 골프장은 이름이 바뀌어 있었다. 소문이 하도 나빠 이름을 바꾼 것이란다.

이런 문제를 해결하는 방법은 회의, 협상 혹은 전화 상담 후 반드시 결과를 상대방에게 정확하게 확인시켜주는 것이다. 나는 강의 의뢰를 받으면 반드시 상대방에게 감사의 마음과 함께 의뢰 내용을 요약하여 다음과 같이 알려준다.

강의 요청에 감사드립니다.

기대에 부응하여 좋은 결과를 얻을 수 있도록 최선을 다하겠습니다.

오전에 전화로 의뢰해주신 강의 관련 내용을 확인하여 드립니다.

1. 강의 일시 : ○○○○년 ○월 ○일

2. 장소 : ○○○○○연수원

3. 대상 : 신임 팀장 30명

4. 과목 및 시간 : '요청(Ask for Help)' 5H

5. 강사료 : 시간당 ○○○,○○○원(원천징수), 총액 : ○,○○○,○○○원

6. 강사 준비사항 : 교재 원고. ○월 ○일까지 송부

7. ○○사 준비사항 :

　학습자 준비– '요청 리스트'(별첨) 작성하여 입과

　교육부서 준비물– 빔프로젝터, 음향 연결, 이젤패드

혹시 제가 잘못 알고 있거나 잘못된 것이 있으면 알려주시기 바랍니다.

　이런 식으로 확인해두면 상대방도 정확한 업무 처리에 고마워한다. '알아서 해주겠지' 하면서 정확하게 요청하지 않는 것은 오히려 상대방을 더 어렵게 만드는 일일 수 있다.

▌확실하게 요청하라 ▌

요청할 때는 확실하게 해야 한다. 에둘러 말하거나 확신이 부족한 상태로 요청하면 실패할 가능성이 크다. 예를 들어 다음과 같은 요청은 실패할 가능성이 높다.

- 기회가 되면 도와주시기 바랍니다.

  절대로 그런 기회는 오지 않는다. "지금 도와주시면 ~일을 할 수 있습니다. 도와주십시오"라고 요청하라.

- 도움이 될 것 같은데, 구입해주시겠습니까?

  '도움이 될 것 같은데'가 아니라 '도움이 된다'고 확신을 심어주어야 한다. "~혜택을 보시기 때문에 지금 꼭 구입하셔야 합니다"라고 요청하라.

- 당신 맘대로 해주십시오.

  맘대로라는 말처럼 애매하고 상대방을 당황하게 하는 말도 없다. "100만 원이 필요합니다"라고 분명하게 요청하라.

- 다음 달 아무 때나 상관이 없습니다.

  다음 달 1일과 31일은 무려 30일의 차이가 있다. "11월 15일 12시까지 결정해주시기 바랍니다"라고 말하라.

▌준비된 요청을 하라 ▌

분명하게 요청하려면 '요청서'를 작성하는 습관을 들여야 한다. 토크쇼의 여왕 오프라 윈프리는 자신에게 도움을 줄 사람을 기다리면서 항상 요청서를 작성했던 것으로 유명하다. 이 요청서 덕분에 그녀 앞에 나타난 주인공들로부터 최선의 것을 끄집어낼 수 있었고, 세계에서 가장 영향력 있는 여성이라는 이름을 얻게 되었다. 그렇다면 무엇을 어떻게 준비해야 할까?

- 목적(Why)

  지금 요청하려는 것은 무엇을 위한 것인가?

- 대상(Whom)

  누구에게 요청할 때 가장 효과적인 결과를 얻을 수 있을 것인가? 피요청자의 근황은? 선호하는 것과 특별히 싫어하는 것은? 그의 네트워크는?

- 시기(When)

  요청하기에 가장 적합한 시간은 언제인가? 피요청자가 가장 바쁜 시간은? 반드시 피해야 할 시간은?

- 무엇을(What)

  내가 요청하려는 것은 정확하게 무엇인가? 추상적인 요청을 좀 더 구체화한다면?

- 어떻게(How)

  직접 만남, 이메일, 전화, SNS 중 어떤 방법이 가장 효과적인가? 몇 번(횟수)을 요청해야 하는가? 얼마나 자주(주기) 요청해야 하는가?

철저한 준비가 실수를 줄이고 성공 가능성을 높인다.

먼저 주면서
요청하라

세상에는 부러운 사람이 있고 존경받는 사람이 있다. 돈이 많은 것은 부러운 일일 수 있으나 반드시 존경받는 것은 아니다. 왜 그런가? 미국 대통령을 지낸 캘빈 쿨리지는 "무엇을 받았는가로 존경받는 사람은 없다. 존경은 무엇을 주었느냐에 따라 주어지는 보상이다"라는 말을 남겼다. 결국 주는 사람이 존경을 받을 뿐 아니라 그 결과로 더 많은 것을 얻을 수 있다.

▌요청하지 않고 얻는 비결 ▌

원하는 것을 얻는 가장 이상적인 방법은 요청하지 않고도 저절로 얻는 것이다. 어떻게 하면 그런 이상적인 상태에 도달할 수 있을까? 존경을 받으면 된다. 존경받는 사람이 되면 저절로 얻는 것들이 많아진다. 누군가를 존경해보았는가? 그가 원하지 않아도 알아서 들어주고 싶어지지 않는가?

내가 존경하는 인물 중에 전의철 박사라는 분이 있다. 따뜻한 마음과 사랑이 가득한 '성자(聖者) 의사'라는 평가를 받는 분이다. 그는 대학생 때부터 평생 봉사의 삶을 살아왔다. 한국에서 종합병원 원장으로 재직하다가 하나님께 받은 은혜를 갚겠다며 몽골에 가서 연세친선병원을 세워 선진 의료기술을 보급하고 가난한 지역을 찾아다니며 봉사활동을 전개했다. 그는 의학과 선교, 교육 등 몽골 사회에 이바지한 공로로 몽골 대통령으로부터 훈장을 받았으며, KBS TV 〈한민족 리포트〉의 주인공으로 소개되기도 했다. 사람들은 남에 대해 험담하는 일 없이 항상 긍정적인 생각으로 삶을 일관하는 그를 존경해마지 않는다.

전 박사는 지금 뇌졸중으로 걷지도 못하고 왼손도 쓰지 못한다. 그런데도 암으로 죽어가는 환자들을 위한 호스피스 일을 하며 마지막 인생을 마치고 싶어 한다. 이분을 보면 '한국의 슈바이처'를 연상하게 된다.

최근에 요양원에 들렀다가 자서전을 썼다는 말씀을 듣고 가슴이 뭉클했다. 80대 노인이 불편한 몸으로 오른손에만 의지한 채 원고지에 한 자한 자 써내려갔을 것을 생각하니 얼마나 힘드셨을지 마음이 무거웠다. 그는 자서전에 대학생 때부터 평생 동역했던 이춘직 감독(목사)의 추천사를 받고 싶었는데 이 감독께서 눈이 아른거려 쓸 수가 없다고 했다며 몹시 안타까워했다. 그래서 "제가 이 감독님을 만나 추천의 말씀을 구술받아 대신 써드려도 되겠습니까?"라고 말씀드렸더니 그거 좋은 생각이라고 하면서 꼭 도와달라고 하셨다.

존경하는 사람에겐 기꺼이 도움을 주고 싶어진다. 그가 직접 요청하지 않아도 먼저 알아서 그의 필요를 파악해 도와주게 된다.

▌ 존경받는 비결 ▌

존경받는 비결은 캘빈 쿨리지의 말 그대로다. 많은 것을 소유하거나 높은 지위를 차지하는 것이 아니라 무언가를 주는(Give) 것이다. 존경은 남에게 주는 행위를 통해 자연스럽게 얻어지는 결과다.

그런데 여기서 준다는 것은 반드시 돈이나 물질 같은 것만을 의미하지는 않는다. 테레사 수녀는 돌아가셨을 때 남은 것이 아무것도 없었다. 하지만 온 인류에게 사랑과 헌신의 화신으로 추앙을 받았다. 거리의 가난한 이들을 위해 그녀가 믿는 예수의 마음으로 아낌없이 주었기 때문이다.

우리가 타인에게 줄 수 있는 것들은 참으로 많다. 우리말 중에 '~해주자'에 해당하는 것들을 적어보라. 사랑, 희생, 봉사, 양보, 사랑, 용서, 이해, 경청, 배려, 격려, 지지, 기도, 협력, 인내, 축하, 위로, 기억, 참여, 해결, 대화, 존경, 미소, 인사, 축복 등 줄 것이 한두 가지가 아니다. 그것을 주면 된다. 평소 남에게 주는 습관을 들이는 것, 그것이 바로 진정으로 존경받는 최고의 비결이다.

▌ 'Give & Take'에서 'Give & Give'로 ▌

그런데 줄 때 무언가(Take)를 기대하며 주는(Give) 사람들이 있다. 이들의 특징은 자신이 기대하는 만큼 얻지 못하면 Give하는 일을 멈춘다는 것이다. 이래서는 존경을 받기 어렵다. Take를 목적으로 하는 Give는 가장 낮은 수준의 Give다. 존경받는 사람은 Give한 것으로 만족한다. 'Give & Take'가 아니라 'Give & Give' 자체로 행복해한다.

안산에서 특수강 가공과 유통을 전문으로 하는 중소기업 티플렉스 (TPLEX)를 경영하는 김영국 사장은 늘 주는 것을 즐거워한다. 내가 사는 아파트 건너편에 살고 있는데, 고향에 다녀올 때면 특산품을 사다 주고, 골프를 치고 돌아오다가도 유명하다는 빵집에 들러 빵을 사서 가져다준다. 식사를 하기 위해 만날 때도 그의 손에는 항상 무언가가 들려 있다. 주기 위해 사는 분이라는 생각마저 든다. 내가 주는 것은 너무도 적은데, 늘 고맙기만 하다.

그런데 내게만 그러는 것이 아니다. 다른 사람들에게도 베풀기를 좋아한다. 직원들에게도 마찬가지다. 어떻게 하면 잘해줄까를 늘 고민한다. 최근에도 공장을 증축해서 이전했는데, 대기업처럼 많은 급여를 줄 수는 없지만 먹는 것만큼은 제대로 챙겨주고 싶단다. 이 정도면 "내가 말이야…" 하면서 자랑을 늘어놓을 법도 한데, 한 번도 공치사하는 모습을 본 적이 없다. 그는 초지일관 겸손하게 Give & Give 하면서 살아간다. 자연히 사람들은 하나같이 그를 존경해마지 않는다.

사업도 잘되고 있다. 그는 고등학교 졸업과 동시에 아버지 밑에서 일을 배우다가 부친의 사망으로 24살의 나이에 사업을 물려받아 우량기업으로 탈바꿈시켰다. 모르긴 몰라도 그의 Give 습관이 저절로 Take를 가능케 한 것 같다.

▌Give가 최고의 요청인 이유 ▌

≪육일약국 갑시다≫의 저자 김성오 대표는 서울대 출신의 약사로, 마산

의 산동네에서 시작한 4.5평 규모의 약국을 경남권 최초의 기업형 약국으로 키우고, 제조업체 사장을 거쳐 온라인 중등교육 1위 기업인 메가스터디 엠베스트의 대표에 오른 인물이다. 그의 성공 스토리는 성공을 꿈꾸는 사람들에게 깊은 교훈을 남겼다.

김 대표는 약국을 시작할 때부터 이윤을 목표로 하지 않고 사람을 남기는 장사를 하겠다고 결심했다. 그것은 손님이 기대하는 친절의 1.5배 이상을 베푸는 것이었다. 손님의 말을 경청하면서 공감해주고, 길을 묻는 사람에게 손수 길을 안내해주고, 할머니 할아버지의 말동무가 되어드리고, 추운 겨울 바닷가에 다녀오는 어른들에게 따뜻한 차를 대접했다. 드링크제 한 병을 사더라도 VIP로 정성껏 대우했다.

동네 주민들은 자연스럽게 김 대표의 '팬'이 되어갔다. 지인들까지 데려와 약을 구입하게 하는 이들도 있었다. 내가 영업을 하는 것이 아니라 고객이 영업을 하는 경지에 이른 것이다. 심지어 멀리 이사를 가서도 약은 육일약국에서 사야 한다는 사명감으로 다시 찾는 이까지 있었다. 그런가 하면 아이들도 그를 너무 좋아한 나머지 장래 소망이 무엇이냐고 물으면 육일약국 약사님 같은 사람이 되고 싶다고 말했다고 한다. 그와 육일약국이 사람들에게 어떤 존재였는지를 충분히 가늠케 한다.

김 대표는 산동네 약국 경영을 통해 얻은 소중한 경험을 바탕으로 오늘에 이르렀다. 그는 사람들에게 약을 사라고 요청하지 않았다. 단지 관심과 친절, 공감과 배려와 같이 그가 베풀 수 있는 것들을 Give했고, 결과적으로 더 많은 것을 얻을 수 있었다. 이것이 바로 Give가 최고의 요청인 이유다. 주는 것이 받는 것이다.

전문가에게 물어라

사람이 목표를 달성하지 못하는 이유는 여러 가지가 있을 것이다. 능력이 부족하거나 열정이 미치지 못했을 수도 있고, 전략이나 전술이 잘못되었을 수도, 혹은 환경이 따라주지 못했기 때문일 수도 있다. 그런데 동일한 조건을 가지고 있음에도 불구하고 원하는 결과를 얻지 못하는 이유는 무엇일까? 그것은 바로 타인의 협력을 얻지 못했기 때문일 수 있다. 그렇다면 타인의 협력을 얻지 못하는 이유는 무엇일까? 대부분의 경우 도움을 요청하지 않은 탓이 크다.

자영업은 은퇴 세대들이 최후의 보루로 여기는 대표적인 직업이다. 그런데 2013년 3월 7일 기획재정부가 발표한 '자영업자 동향과 시사점'에 의하면, 전체 창업자 수가 18만 9,000명, 폐업자 수가 17만 8,000명으로 평균 폐업률이 85%에 달하며, 특히 외식업의 폐업률은 무려 95%에 육박하는 것으로 나타났다. 100개의 식당이 개업하면 95개가 문을 닫는다는 이야기다. 2013년 5월 통계청이 발표한 자료에 의하면, 전체 취업자 중 자영업자 비율이 22.8%로, 관련 통계가 나오기 시작한 1983년 4월 이후 30년 동안 가장 낮은 수치를 기록했다고 한다. 게다가 현재의 자영업자 10명 중 7명은 대출금 상환에 큰 부담을 느끼고 있다는 것이다. 가히 자영업자 몰락의 시대라 해도 과언이 아니다. 그런데 더 큰 문제는 상당수의 자영업자들이 자신이 왜 망했는지를 모른다는 사실이다.

▌ 그 집은 왜 문을 닫았을까? ▌

나는 집 주변에 식당이 새로 생기면 호기심이 발동하여 꼭 들러보는 경향이 있다. 마침 좋아하는 베트남 쌀국수집이 오픈했는데, 처음 들어보는 브랜드였다. 음식도 맛볼 겸 어떤 곳인지 궁금하여 아내와 함께 저녁 시간에 그곳을 찾아갔다.

그런데 의외로 가게가 썰렁했다. 속으로 아직은 잘 알려지지 않아서일 거라 짐작하고 자리에 앉아 음식을 주문했다. 분명 이 집 주인도 직장에서 은퇴하고 퇴직금과 저축해놓은 재산을 올인(all in)해서 나름대로 기대를 가지고 식당을 냈을 터였다.

음식 맛을 보니 이건 아니다 싶었다. 이대로는 장사가 될 것 같지 않았다. 맛이야말로 음식점의 핵심 역량인데 말이다. 평소에 자주 가는 단골 베트남 쌀국수집과 비교해도 현격한 차이가 있었다. 게다가 양도 몹시 적었다. 외식업으로 성공하려면 맛과 양, 분위기가 모두 중요한 요소인데, 어느 것 하나 경쟁력이 없어 보였다.

안타까운 마음에 식당 주인과 대화를 나누면서 내 주위에 외식업 분야의 전문가들이 많이 있음을 암시해주었다. 도움을 청하면 내가 느낀 점을 일러주거나 전문가들로부터 조언을 듣게 해주거나 벤치마킹할 업체를 소개해주려고 했다. 그런데 그는 내가 가게 문을 나서기까지 음식 맛과 가게 운영에 대해 어떻게 느꼈는지 한마디도 묻지 않았다. 연락처를 달라는 말도 하지 않았다. 결국 그 집은 1년 만에 문을 닫고 말았다.

▌ 자신을 믿지 말고, 전문가에게 물어라 ▌

많은 사람들이 강릉에 가면 꼭 들러보고 싶어 하는 카페가 있다. 강릉의 커피공장으로 불리는 테라로사다. 이곳의 김용덕 대표는 강릉을 세계적인 커피 도시로 만든 주인공이다.

테라로사에는 대형 로스팅 기계가 있고 원두를 담은 부대들이 보관된 로스팅실, 커피나무가 자라는 온실, 빵을 굽는 베이커리 등이 갖추어져 있다. 손님들은 이곳에서 커피 볶는 광경과 인테리어를 감상하고(시각), 커피 볶는 향기를 들이마시고(후각), 커피 볶는 소리와 분위기 있는 음악을 듣고(청각), 세계적 수준의 커피를 마시면서(미각) 테라로사를 온몸으로 체험하고 돌아간다. 그리고 스스로 홍보대사가 되어 인터넷에, SNS에 인증샷을 올리면서 테라로사를 알린다. 주말은 말할 것도 없고 평일에도 전국에서 수백 명의 사람들이 몰려드는 이유다.

김 대표는 가난 탓에 대학 진학은 엄두도 내지 못했다. 상고 졸업과 동시에 조흥은행에 들어갔지만, 1997년 IMF 외환위기가 닥쳤을 때 21년간

다니던 은행을 미련 없이 나왔다. 그때 나이가 마흔이었다. 그리고 1999년 속초에서 레스토랑을 차렸다. 후식으로 제공되는 커피를 맛있게 만들어 손님들에게 제공하고 싶다는 생각에 커피를 연구하다가 2가지 충격에 빠졌다. 하나는 우리나라의 커피산업이 매우 낙후되었다는 사실에 대한 충격이었고, 또 하나는 준비 없이 창업한 자신의 무지에 대한 충격이었다.

허술한 자신에게 분노마저 느낀 그는 2002년 레스토랑을 접고 강릉에 커피숍을 오픈하면서 커피에 관한 번역서와 원서를 읽어가면서 커피 연구에 몰두하기 시작했다. 커피 전문점으로 유명한 곳이 있으면 국내이건 해외이건 가리지 않고 찾아다니면서 관찰하고 도움을 요청했다. 지구를 몇 바퀴 도는 열정으로 세계를 누비며 배우고 또 배웠다. 이를 통해 김 대표는 최고급 커피 원료가 어떤 것이고, 커피 맛을 분별하는 노하우가 무엇인지를 터득해나갔다. 이 과정에서 한때 20억 이상의 빚을 지고 눈앞이 캄캄한 적도 있었지만, 끝내 포기하지 않고 자신만의 커피 세계를 구축하면서 위기를 돌파하게 되었다.

지금도 그는 1년에 약 6개월가량을 해외에서 보낸다고 한다. 커피의 명소들을 일일이 방문하여 세계적인 네트워크를 구축하고, 최고의 맛을 구분할 줄 아는 미각을 갖추기 위해 노력하고 있다. 함께 일하는 직원들도 1년에 두 차례 이상씩 해외로 보내서 세계 최고 수준의 커피숍과 커피농장, 음식점 등을 경험하게 함으로써 세계 최고의 커피 전문가들을 양성하고 있다. 뿐만 아니라 카페를 개업하고자 하는 이들을 위한 창업 컨설팅과 커피 공부에 관심 있는 사람들을 위한 강연에도 적극 나서 대한민국 커피산업 발전에 기여하고 있다.

그가 언젠가 모 라디오방송에 출연하여 한 말이 있다.

"자신의 혀, 눈, 귀, 손을 믿지 말고 전문가들에게 손이 발이 되도록 가르쳐달라고 도움을 요청하라."

인생의 터닝 포인트가 필요한가? 그렇다면 혼자서 고민하며 끙끙거리지 말고, 김 대표가 그랬듯이 해당 분야의 전문가를 찾아가 도움을 청하는 일부터 시작해야 할 것이다.

도움을 받고 나서가
더 중요하다

미국의 사회심리학자 로버트 치알디니가 쓴 ≪설득의 심리학≫에 나오는 '일관성의 법칙'에 의하면, 도움을 준 사람은 도움을 요청한 사람을 지속적으로 신뢰하고 후원할 가능성이 높다. 한 번 어떤 입장을 취하게 되면 일관성이라는 심리적 압박이 작용하여 자신이 선택한 것을 정당화하는 방향으로 나아가게 되기 때문이다. 누군가를 좋아하거나 싫어하게 되면 그런 쪽으로 감정과 행동을 강화하게 되는 것과 같은 맥락이다. 마찬가지로 호의를 베풀고 나면 자신의 행동이 옳았다는 것을 일관되게 확인하기 위해 상대방을 더욱 좋아할 가능성이 높아진다. 앞에서 설명한 '벤저민 프랭클린 효과'와 같은 것이다.

하지만 도움을 준 사람이 반드시 일관성을 보이는 것만은 아니다. 일단 도움을 준 후에는 호의를 갖게 되지만, 도움을 받은 요청자가 어떤 행동을 하느냐에 따라서 '역일관성(reverse consistency)'이 작동할 수도 있다. 요청자로부터 도움을 받은 결과로 성장하고 발전하고 있다는 연락을 받으면 도와주길 잘했다고 보람을 느끼며 더 많은 지원과 협력을 하고 싶어지지만, 그렇지 못한 사람에게는 지원은커녕 괜히 도움을 주었다는 후회를 하게 된다. 도움을 주기 위해 기울인 일체의 노력들이 한순간에 물거품이 되어버린 듯한 허망함에 요청자를 신뢰할 수도 없고 도와줄 필요도 없는 존재로 낙인 찍어버린다.

요청자는 도움을 받고 나서 후속 행동을 할 때 다음 사항을 고려해야 한다.

▌ 타이밍 ▌

한 영업사원이 가망고객을 소개해달라고 요청했다. 그의 정성과 상황을 생각해서 한 사람을 소개해주었는데, 실제로 갔다 왔는지 아무 연락이 없었다. 이틀 뒤에 전화해보니 다녀왔다고 하면서 "전화드렸어야 했는데 죄송합니다"라고 말했다. 나는 그가 크게 성장할 수 있을지 의문이 들었다. 이틀이라는 시간은 신뢰를 무너뜨리기에 충분한 시간이다. 결국 얼마 안 있어 그가 영업을 그만두었다는 소식을 들었다.

후속 행동은 가능한 한 즉시 해야 한다. 시간이 지날수록 효과가 반감되기 때문이다. 어떤 경우에도 도움을 준 사람이 먼저 연락하는 일이 없게 해야 한다.

▎지속성 ▎

도움을 받은 후 즉시 한 번 정도 연락하는 것은 누구든 할 수 있다. 하지만 그것을 지속하는 사람은 소수다. 바로 이 소수의 사람들이 요청의 고수들이며 성공자다. 지속성은 후속 요청을 가능하게 만드는 중요한 요소다.

동남아 국가의 어느 빈민촌을 방문한 적이 있었다. 그들의 삶의 현장이 얼마나 처절한지 가슴이 아팠다. 그곳에서 봉사활동을 하고 있는 단체의 장이 이들에게 조금만 도움을 주면 한 학생을 대학교까지 공부시켜줄 수 있다고 하며 후원을 요청했다. 그렇게 하기로 하고 매월 후원을 했다. 처음에는 후원을 받게 된 학생이 편지로 고맙다는 연락을 해주어 몹시 반가웠다. 그 학생이 대학교를 졸업하고 교수가 되었다는 소식을 듣고 큰 보람을 느꼈다. 그런데 그 후로는 일체 연락이 없었다. 그래도 내가 후원한 학생이 교수가 되었다는 사실에 뿌듯했다.

이제는 한 학생을 졸업시켰으니 계속 후원을 해서 또 한 명의 대학생을 키워야겠다고 결심하고 계속해서 후원금을 보냈다. 그런데 이때부터는 어떻게 된 영문인지 후속 연락이 없었다. 누구에게 후원금이 전해지는지 알 길이 없었다. 결국 후원을 끊기로 하고, 다른 단체로 보내게 되었다. 아프리카 어린이들을 후원하는 이 단체는 지금도 정기적으로 후원 내역을 보내오고 있으며 어린이가 성장하는 과정을 지속적으로 확인할 수 있게 해준다. 언젠가 이 단체에서 그동안의 물가인상률 등을 고려하여 후원금을 올려주었으면 한다는 요청을 해왔다. 자연스럽게 "예"라고 대답했다. 앞으로도 이 단체가 요청한다면 "노"라고 말할 수 없을 것 같다.

도움을 받았다면 바로 연락하고 지속적으로 소식을 전할 수 있어야 한다. 그것이 바로 도움으로 맺어진 소중한 인간관계를 유지하는 방법이자 성공으로 이끄는 습관이며, 요청과 도움과 감사로 가득한 세상을 만드는 길이다.

5

요청이 운명을 바꾼다

요청으로 기적을 만든 10가지 이야기

POWER OF ASKING

딸을 세계적인 연주자로
만든 아버지

딸이 첼로 연주에 탁월한 재능을 보였다. 마침 세계적인 첼로의 거장이 내한 공연을 한다는 소식을 들은 아버지는 딸의 연주 장면을 녹화한 비디오테이프를 가지고 공연장을 찾았다. 사인회 장소에서 아버지는 그 거장에게 테이프를 한번 봐줄 것을 요청했다.

▌이 비디오테이프를 봐주시겠어요? ▌

1992년 라트비아 태생의 유태계 첼리스트로 세계적인 명성을 자랑하던 미샤 마이스키가 예술의전당에서 내한 공연을 한 후 사인회를 갖고 있을 때였다. 한 신사가 "여기 9살 여자 아이가 연주한 하이든 첼로협주곡 C장조 비디오테이프인데, 한번 봐주세요"라며 테이프를 건네주었다. 그 신사는 한국이 낳은 자랑스러운 첼리스트 장한나 양의 아버지였다.

미샤 마이스키는 대수롭지 않게 생각하고 있다가 대만으로 가는 도중에 어떤 테이프일까 궁금해졌다. 테이프를 본 그는 "한나 양의 재능에 놀라 가르쳐보고 싶다"는 내용의 편지를 한국으로 보냈다. 그로부터 2년 뒤 이탈리아 시에나에서 한나 양을 위한 마이스키의 본격적인 지도가 시작되었다.

한나 양은 마이스키를 만나 자신의 음악적 재능과 가능성을 꽃피워가기 시작했다. 어느 날 그녀의 연주를 듣고 놀란 조교가 마이스키에게 달려가 "벤저민 브리튼의 곡을 로스트로포비치보다 더 잘 연주해요!"라며 큰 소리로 외쳤다는 이야기는 그녀의 음악적 소질과 열정이 얼마나 대단했는지를 알려주는 유명한 일화다.

마이스키는 스승들로부터 배운 모든 것을 한나 양에게 전해주려고 노력했으며, 자신이 느끼고 깨달은 점들을 함께 공유하고자 했다. 뛰어난 연주자들의 음악을 들려주면서 그들을 카피하려 하지 말고 자신만의 연주를 해야 한다는 충고도 잊지 않았다. 그러면서 위대한 연주자도 처음에는 손으로, 그다음에는 머리로 연주하다가 마음으로 연주하는 경지에 오르게 된다는 사실을 가르쳤다. 한나 양은 그런 스승을 통해 마음으로 연주한다는 것이 무엇을 말하는지를 실감할 수 있었다.

미샤 마이스키는 평생 연주를 하면서 살았지 누군가를 가르쳐본 적은 별로 없었다. 엄밀한 의미에서 보면 한나 양이 유일한 제자였다고 할 수 있다. 더욱 놀라운 것은 그가 한 푼의 레슨비도 받지 않았다는 사실이다. 그의 명성이라면 엄청난 레슨비를 요구해도 되었을 텐데 말이다.

장한나 양이 마이스키에게 "선생님, 이 은혜를 어떻게 갚습니까? 저의 스승이 되어주셔서 정말 감사합니다"라고 말했더니 마이스키는 이렇게 대답했다고 한다.

"너도 누군가 재능 있는 사람을 만나게 되면 네가 가진 것들을 주어라. 나의 스승들도 나에게 그렇게 했단다."

내가 받은 것을 누군가에게 주고, 내가 준 것을 받은 누군가가 또 다른 누군가에게 줄 수 있다면 세상은 더 아름답게 변할 것이다. 그래서일까? 장한나 양을 보면 얼굴에서 빛이 난다. 말과 표정 그리고 동작에서 밝고 긍정적인 기운이 나와 주변 사람들에게 희망으로, 빛으로 다가가 행복을 준다.

지금 그녀는 연주자이면서 지휘자로 청소년교향악단을 지휘하고 있다. 얼마나 열정적으로 지휘하는지 매번 온몸이 땀으로 젖는다. 그녀는 그렇게 스승에게서 받은 것을 다시 사람들에게 돌려주면서 행복 바이러스를 퍼뜨리고 있다.

아버지는 딸의 테이프를 전해줄 때 어떤 마음이었을까? 어쩌면 세계적인 연주자가 형식적으로 받아줄 뿐 막상 보지 않을 수도 있다고 생각했을지 모른다. 하지만 그의 요청은 결과적으로 장한나가 세계적인 첼리스트로 거듭나는 결정적 계기를 만들어주었다. 딸의 재능을 키워줄 키맨을 정하고 용감하게 도움을 요청함으로써 딸을 성공시켰을 뿐 아니라 국민들에게도 자부심을 심어주었던 것이다. 부모의 요청이 자녀를 성공시킨다.

삼성을 감동시킨
110cm의 작은 거인

KBS〈강연 100도씨〉를 통해 유명해진 이지영 씨는 어린 시절 100만 명에 4명 정도의 유병률을 보인다는 뼈와 뼈 사이를 연결해주는 연골에 문제가 생기는 가연골무형성증이라는 희귀 질환을 앓고 난 뒤 키가 자라지 않아 110cm밖에 되지 않는다. 하지만 그녀는 장애를 극복해야 할 대상이 아니라 평생 지고 살아야 할 부분으로 인정하고 오히려 그것을 자신의 강점으로 전환하여 삼성그룹에 입사할 수 있었다.

▍이력서 60번, 면접 7번 ▍

이지영 씨는 키가 작은 불편함에도 불구하고 방송학회 활동, 과대표, 호주 유학 등 누구보다 열심히 학교생활을 했고, 우수한 성적으로 졸업했다. 그러나 취업은 막막했다. 60곳에 이력서를 냈지만 회사들은 면접 기회조차 주지 않았다. 키가 작다는 사실 때문이었다. 몇 군데서는 면접시험을 보기도 했지만 번번이 낙방의 고배를 마셔야 했다.

어떤 회사에서는 3명이 동시에 면접장에 들어갔는데, 자기소개 후 전혀 질문을 받지 못했다. 면접장에 들어가는 순간부터 면접관들이 더 이상은 그녀에게 관심을 보이지 않았던 것이다. 그녀는 꿀 먹은 벙어리처럼 앉아서 20분 내내 한마디도 하지 못한 채 함께 들어간 두 지원자가 말하는 모습만 지켜봐야 했다. 어떤 회사에서는 그 몸으로 고객을 유치할 수 있겠습니까, 동료들과 어울릴 수는 있겠습니까 등등의 모욕적인 질문을 받기도 했다. 하지만 그녀는 여기서 포기하면 자신과 비슷한 처지에 있는 사람들에게 절망을 줄 것이라 생각하며 계속해서 도전했다.

그녀에게 7번째 면접 기회를 준 회사는 삼성테크윈이었다. 그녀는 당당하게 "저는 장애인입니다. 하지만 장애는 불가능이 아니라 불편함입니다. 열심히 하겠습니다"라고 말하며 합격시켜줄 것을 요청했다. 면접관들은 그녀의 삶과 도전에 감동한 나머지 눈물을 흘리기까지 했고, 면접관 전원이 A로 평가하여 그녀를 합격시켜주었다. 나중에 알려진 이야기지만, 면접관들도 처음에는 그녀를 주목하지 않았다고 한다. 그런데 주변의 시선에 흔들리지 않고 자신의 삶을 개척해온 도전정신과, 진지하고 긍정적이며 의지가 강해 보이는 면접 태도를 보고 입사하면 일을 잘할 수 있겠다는 판단이 들었다고 한다.

이지영 씨는 입사 후 삼성을 빛낸 주인공으로 '열정락서'에 초대되었다. 열정락서는 삼성그룹 임직원을 비롯한 경제계 인사, 연예인 등이 멘토로 참여해서 대학생들에게 희망의 메시지를 전하는 토크 콘서트로, 그 자리에 당당히 멘토로 참여한 것이다. 얼마 후 이건희 회장이 열정락서의 멘토들을 초청해서 격려한 일이 있었는데, 이지영 씨의 삶과 도전에 감동을 받았다면서 매우 자랑스러워했다고 한다. 이렇게 그녀는 놀림을 받아가며 왕따를 당하던 보잘것없는 소녀에서 세상을 빛내는 작은 거인으로 우뚝 서게 되었다.

▌어떻게 하면 되겠습니까? ▌

이지영 씨가 초등학교에 들어갔을 때 친구들은 그녀를 난쟁이, 외계인, ET라고 부르며 놀려댔다. 그녀는 화장실에 가기도 겁이 나서 참고 참다가 방광염에 걸리기까지 했다. 체육 시간에는 친구들이 운동장에서 뛰어노는 모습을 교실 창가에서 바라보고만 있어야 했다. '왜 나는 이렇게 작은 걸까?', '왜 나는 할 수 있는 게 아무것도 없을까?' 자책하며 열등감 속에서 시간을 보내야 했다.

그러던 어느 날 그녀는 늘 구경만 하는 자신이 한심스럽게 느껴졌다. 타인의 편견 속에 자신을 가두어놓고 스스로 위축되어 아무것에도 도전하지 않았던 지난날의 삶에서 벗어나고 싶었다. 먼저 체육 선생님을 찾아가 "저도 운동을 하고 싶은데 어떻게 하면 되겠습니까?"라고 용기를 내서 도움을 요청했다. 선생님은 테니스 라켓이 무거우면 배드민턴 라켓을 잡으면 되고, 배구가 하기 어려우면 바닥에 공을 튀기는 운동을 하면 된다면서 자신의 스타일에 맞게 운동을 할 수 있다고 말해주었다. 그녀는 선생님 말씀에 자신감을 얻어 할 수 있는 운동을 찾아 해나가기 시작했고, 그러면서 자신을 왕따시키던 친구들과도 친하게 지내게 되었다.

▌ 너무 힘들고 불편하니 바꿔주세요 ▌

대학 진학을 앞두고 그녀는 남의 도움만 받는 삶을 살아서는 안 되겠다는 생각에 서울로 가겠다고 했다. 부모와 주변 사람들은 혼자서는 아무것도 할 수 없을 거라며 반대했지만, 결국 자신의 생각대로 서울의 한양대학에 입학했다.

하지만 역시 남의 도움 없이 생활하기란 여간 어려운 일이 아니었다. 높은 계단을 오르내리는 일, 키보다 높은 엘리베이터 버튼을 누르는 일, 의자에 올라 샤워하는 일 등이 너무 힘들고 불편했다. 그녀는 불편한 환경을 개선해야겠다고 생각하고 비슷한 처지에 있는 학생들을 찾아보았다. 그리고 그들과 함께 학교 측에 간담회를 요청하여 대화를 나누고 자신들이 겪고 있는 어려움을 전달했다. 이를 통해 교직원들은 미처 몰랐던 장애 학생들의 애로사항을 새롭게 알게 되었고 그들을 위한 환경 개선에 적극 나서게 되었다.

키가 작은 것은 열등감으로 작용할 수도 있지만 관점을 바꾸면 장점으로 활용할 수 있음은 물론, 세상의 관행과 장애물도 능히 극복할 수 있게 된다. 자신의 관점을 바꾸어 자신감을 가지고 용기 있게 요청하는 순간 상대방도 나에 대한 관점을 바꾸어 기꺼이 도와주게 되는 것이다.

일본 최고 부자의 탄생

손정의 소프트뱅크 회장이 살아온 이야기를 들어보면 그 속에서 일관되게 발견되는 성공의 핵심 요인이 있다. 바로 어린 시절부터 요청의 힘을 알아 과감하게 행동으로 옮김으로써 목표하는 것들을 성취해냈다는 점이다.

▌ 젊은 사장의 외침 ▌

1981년 9월 후쿠오카현 오도시로시의 에어컨도 없는 허름한 건물 2층. 한 젊은 사장이 직원 두 사람을 앞에 놓고 귤 상자에 올라 한 시간가량 열변을 토하고 있었다.

"우리 회사는 세계 디지털혁명을 이끌 것입니다. 30년 후엔 두부가게에서 두부를 세듯 매출을 1조 엔, 2조 엔 단위로 셀 것입니다."

연설을 들은 직원들은 "저 인간이 제정신이야?", "미친 놈!" 하면서 회사를 떠났다. 그 '미친 놈'이 바로 일본 최고의 주식 부호(2013년 7월 닛케이 신문)에 오른 손정의 소프트뱅크 회장이다. 재일동포 3세인 그가 가난한 유년 시절과 각종 차별 속에서도 세계적인 기업을 일군 비결은 무엇일까?

손 회장은 작은 목표부터 차근차근 이루어나가는 점진적 성공 방식을 택하지 않았다. 원대한 꿈을 이루려면 보통 사람의 접근 방식이 아닌 전혀 다른 방식이 필요하다고 생각했다. 꿈을 이루어가는 시간표를 미래에서 현재를 향해 거꾸로 돌려야 한다고 생각한 그는 오늘의 트렌드보다는 미래의 트렌드를 파악하고 대기업 회장 못지않은 배짱으로 당당하게 도움을 요청해서 결과를 얻어내는 승부수를 띄웠다.

그가 펼친 사업은 마치 한편의 드라마를 보는 것 같다. 새로운 시도를 할 때마다 주위 사람들이 도저히 불가능하다며 '거품남'이라는 비아냥을 쏟아냈지만, 그는 불가능 속에서 가능성을 보았고 집요하게 설명하여 협력과 거래, 도움을 요청함으로써 끝내 성취해냈다.

▌ 12살 때부터 사업가 기질을 발휘하다 ▌

손 회장이 어린 시절에 살았던 집은 철길 옆 공터에 양철지붕을 올린 판잣집이었다. 그의 부모님은 새벽부터 밤늦게까지 쉬지 않고 일했고, 그 덕에 살림이 조금씩 나아지고 있었다. 아버지가 작은 카페를 열었는데, 당시 12살이었던 손 회장이 보기에도 승산이 없었다. 지리적으로도 전철역과 멀고 사람들이 오지 않는 한적한 곳이었기 때문이다. 이대로 해서는 안 되겠다고 생각한 그는 아버지에게 "공짜 쿠폰을 발행해서 역에다 뿌리자"고 제안했다. 아버지가 반대했지만 기어코 자신의 생각을 실천에 옮겨 1,000장의 공짜 쿠폰을 찍어 돌렸다.

커피 공급업자들이 모였다. 아버지의 초청으로 가게에 오게 된 그들은 사람들이 인산인해를 이룬 모습을 보고 가격과 결제 조건을 유리하게 해서 원료를 공급하겠다고 약속했다. 그 결과 조기에 투자비를 모두 회수했을 뿐만 아니라 비싼 값에 매각할 수 있었다.

▌ 2주 만에 고교 과정을 마치다 ▌

1974년 16살의 손정의는 세계 최강국인 미국에서 자신의 꿈을 키워보겠다는 목표를 가지고 미국 유학을 떠났다. 홈스테이를 하면서 6개월간 어학연수를 받은 다음 샌프란시스코 인근의 세라몬테고등학교에 10학년(한국의 고등학교 1학년)으로 편입했다.

그는 어렵게 온 유학이라 하루 빨리 대학에 가고 싶었다. 그래서 일주일간 밤을 새워가며 10학년 교과서를 모두 독파하고 교장실을 찾아가 10학년 교과서를 다 봤으니 11학년으로 월반시켜달라고 요청했다. 의외로 교장선생님은 그렇게 하도록 허락했다. 이어서 11학년 교과서들을 3일 동안 섭렵하고 다시 교장실을 찾아 12학년이 되게 해달라고 요청했다. 그리고 3일 뒤 검정고시를 봐서 대학에 가겠다고 선언했다. 교장선생님은 순순히 그렇게 하라고 말했다. 속으로는 시험에 절대 패스하지 못할 거라고 생각했을지 모른다.

검정고시 고사장. 문제를 받은 손정의는 눈앞이 캄캄했다. 독해할 지문과 문제가 너무 많았기 때문이다. 그는 손을 들어 감독관에게 일본에서 온 지 얼마 되지 않아 독해 속도가 미국 학생들보다 늦을 수밖에 없고 똑같이 문제를 푸는 것은 공평하지 않으니 영일사전을 볼 수 있게 해달라고 요청했다. 처음에는 감독관이 말도 안 된다고 했지만, 일리가 있다는 생각이 들었는지 교육당국에 연락해서 특별 배려로 사전을 보도록 허락했다. 그것도 감지덕지할 일인데, 그는 여기서 한 가지 더 요청을 한다. 사전을 볼 수 있게 해주어 감사하지만 찾는 데 시간이 걸리므로 종료 시간을 연장해달라는 것이었다. 결국 그의 요청은 받아들여졌고 자정까지 시험을 쳐서 검정고시에 합격할 수 있었다. 미국 유학 1년도 채 안 되어 고교 과정을 모두 마친 것이다.

▌교수를 고용하여 다국어번역기를 발명하다 ▌

손정의는 검정고시 합격 후 19살에 미국 UC버클리대학에 입학, 경제학을 공부하면서 학업과 동시에 발명을 하기로 마음먹었다. 학비와 생활비를 벌어야 한다는 현실적 이유도 있었지만, 우연히 본 마이크로프로세서의 사진과 기사에 매료되었기 때문이다.

하루에 하나씩 발명 아이디어를 내고 그중에서 가장 성공 가능성이 높은 것에 승부를 걸어보기로 하고 발명 노트를 쓰기 시작했다. 매일매일 발명을 위한 시간을 가지고 노력한 결과, 1년여가 지난 뒤에 약 250개의 아이디어가 모아졌다. 그중에서 음성발신기와 사전, 액정화면을 결합하여 다국어번역기를 발명하면 성공할 수 있겠다는 생각이 들었다. 문제는 혼자서 개발하기에는 엔지니어링 기술이 부족한 것이었다. 배워서 하자니 시간이 너무 많이 들 것 같았다. 그는 용기를 내어 당시 음성발신 기술의 권위자였던 공과대의 포레스터 모더 교수를 무작정 찾아갔다.

"선생님, 절 좀 도와주십시오. 근사한 아이디어가 있는데, 돈도 시간도 기술도 부족합니다. 저를 위해 팀을 꾸려서 제품을 만들어주세요. 선생님을 고용하겠습니다", "협상 같은 건 싫어하니까 일당은 선생님께서 정하세요. 특허가 팔리면 바로 정산해드리겠습니다. 물론 제품 개발에 실패하면 선생님 몫도 없습니다. 공짜로 일한 게 되는 거죠. 이런 조건, 어떠십니까?"

모더 교수는 웃음을 터뜨렸다. "황당한 얘기지만 어디 한번 해볼까?"라며 그의 제안을 받아들였다.

이렇게 해서 팀이 꾸려졌고 1977년 마침내 특허를 취득하게 되었다.

▌ 샤프에 팔다 ▌

다음 문제는 다국어번역기를 판매하는 일이었다. 1978년 여름방학 일본에 온 손정의는 마쓰시타전기, 산요전기 등 수십 군데를 찾아가 자신이 만든 다국어번역기를 사줄 것을 요청했으나 개발 중이라거나 이미 관련 특허가 있다며 관심을 보이지 않았다.

이어서 샤프전자 본사를 방문했다. 마침 그곳에 아는 사람이 있었다. 1977년 실리콘밸리 LSI(Large Scale Integration, 대규모 집적회로) 연구 현장에서 우연히 만나 알게 된 사사키 다다시 중앙연구소 소장이었다. 그는 손정의에게 IT기술에 관한 많은 조언을 들려주기도 했다. 손정의는 그에게 다국어번역기의 가능성에 대해 열정을 가지고 설명했고, 사사키 소장은 그의 시제품에 흥미를 보였다. 그리고 그 자리에서 1억 엔(약 11억 원)에 사줄 것을 약속하고 먼저 일영번역기 개발비로 2,000만 엔을 지불하기로 했다. 이후 프랑스어, 독일어, 이탈리아어 등 세계 주요 언어에 대한 개발을 완료할 때마다 따로 지불하겠다는 약속과 함께 힘찬 격려를 해주었다. 나중에는 자기 집까지 저당을 잡혀가며 자금을 빌려주고 이를 통해 일본 최대 소프트웨어업체인 허드슨과의 독점계약을 따내는 데 결정적 도움을 주기도 했다. 이렇게 해서 사사키는 손정의의 평생 은인이자 멘토가 되었다. 이는 한편으로 손정의의 요청이 얼마나 간절하고 열정적이었는지를 짐작하게 해준다.

▍'인베이더 게임'을 미국에 도입하다 ▍

다국어번역기 판매를 통해 돈을 번 손정의는 1979년 일본에서 폭발적인 선풍을 불러일으킨 '인베이더 게임'이 미국에서도 성공할 것이라는 생각이 들었다. 하지만 게임의 공격 패턴이 단조로워서 '쉽게 열중하고 쉽게 식는' 일본인의 습성으로 보건대 일본에서는 인기가 오래갈 것 같지 않았다. 그의 예상대로 얼마 안 가 게임의 붐은 언제 그랬냐는 듯이 사라졌다.

게임기회사를 찾아간 손정의는 당시 대당 100만 엔 하던 기계를 20분의 1 가격인 5만 엔에 10대, 그것도 3개월 뒤에 현금으로 지급하는 조건으로 거래를 요청했다. 회사 사장은 말도 안 되는 소리라고 했다. 하지만 손정의는 어차피 이 게임기는 그대로 두면 재고관리 비용만 들어갈 것이기 때문에 이렇게라도 판매하는 것이 나을 것이라고 설득했다. 결국 게임기회사는 외상거래를 약속했다.

손정의는 즉각 게임기를 항공기로 운송했다. 배로 운송하면 비용이 덜 들지만 하루빨리 돈을 벌어 갚는 것이 좋겠다고 생각한 것이다. 이어서 게임기를 설치할 장소를 물색했다. 카페나 가게들을 찾아가 수입을 반반씩 나누어 갖는 조건으로 게임기를 설치하자고 제안했다. 가게에 게임기를 들여놓으면 분위기를 망친다며 반대하는 주인들을 집요하게 설득하여 게임기를 들여놓는 데도 성공했다. 그런데 당시 '아이스크림매리'라는 아이스크림가게에서 게임기를 들여놓은 지 얼마 지나지 않아 기계가 작동되지 않는다는 연락이 왔다. '큰일 났구나!' 하며 황급히 달려가 보니 고장이 아니라 동전이 꽉 차 있던 것이었다. 인베이더 게임 사업의 성공을 알리는 첫 신호탄이었다. 그렇게 해서 자본금 한 푼 없이 불과 2주일 만에 기계값과 운반비를 뽑고도 돈이 남게 되었다. 그 뒤로 더 많은 게임기를 들여와 반년 만에 350대를 설치, 1억 엔이 넘는 수익을 올릴 수 있었다.

손정의 회장의 성공 요인은 무모하다싶을 정도의 요청이다. 모든 사람이 안 된다고 할 때도 그는 된다고 믿고 강하게 요청했다. 뜨거운 열망과 미래에 대한 확고한 비전, 그리고 진정성을 가진 그의 요청은 그때마다 상대방을 감동시키는 강력한 에너지를 뿜어내고 위대한 결과를 만들어냈다.

쪽박의 위기에서
대박을 터뜨린 사장

유홍준 교수는 그의 베스트셀러 ≪나의 문화유산 답사기≫ 6권의 부제를 '인생도처유상수(人生到處有上手)'라고 붙였다. 인생 도처에 고수들이 있다는 뜻이다. 그는 이 책에서 노비 출신으로 경회루를 지은 박자청을 비롯해서 숨은 고수들의 면면을 소개하고 있는데, 제목에서부터 느껴지는 교훈이 있다.

우리도 살아가면서 미처 알지 못했던 고수들이 곳곳에 숨어 있다는 사실을 알게 될 때가 있다. 이들을 만나 대화를 나누고 배우게 되면 새로운 깨달음을 얻을 수 있을 뿐 아니라 삶을 근본적으로 변화시키는 전기를 마련하게 되기도 한다. 고수들에게는 비법, 즉 노하우가 있다. 그 노하우를 전수받을 수 있다면 적어도 그의 아류는 될 수 있을지 모른다. 그러나 그것도 쉽지 않다. 고수들이 웬만해서는 노하우를 알려주지 않기 때문이다. 그들로부터 노하우를 얻는 비결은 바로 진심 어린, 그리고 포기하지 않는 요청이다.

▌1개월간의 요청 ▌

용인 수지에 속초코다리냉면집이라는 식당이 있다. 가건물인 데다가 주차장도 비좁고, 외형상으로 보면 도무지 손님이 있을 것 같지 않다. 그런데도 주차의 불편함을 무릅쓰고 차를 끌고 기꺼이 줄을 선 사람들로 연중 발 디딜 틈이 없다.

이곳에 가면 '역시 먹는 장사가 최고'라는 말이 실감난다. 함경도 방식의 코다리 양념으로 만든 비빔냉면은 세상 어디에서도 맛볼 수 없는 이곳 특유의 맛으로 손님들을 끌어모은다. 나 또한 그런 손님들 중 한 사람이었다. 집이 근방이어서 아내와 함께 자주 찾아갔다. 갈 때마다 주인에게 체인점을 내면 성공할 것이라고 말하곤 했는데, 주인은 그 식당만 잘 운영하면 되었지 프랜차이즈에는 관심이 없다고 했다. 그래서 그런 줄 알았다.

그 후 현재 살고 있는 인천 송도 국제도시로 이사를 왔다. 그런데 자꾸 전에 먹던 속초코다리냉면 생각이 났다. 집 근방의 커낼워크상가를 지날 때마다 이곳에 속초코다리냉면집을 오픈하면 정말 대박이 날 텐데 하며 입맛을 다시곤 했다.

그런데 어느 날 똑같은 이름의 식당을 오픈한다는 전단을 보게 되었다. 간판 글씨체와 식당 안 분위기가 수지의 그곳과 비슷해 보였다. 호기심이 일어 가보니 과연 수지의 속초코다리냉면집 제1호 체인점이었다. 주인에게 어떻게 해서 체인점을 내게 되었느냐고 했더니 소문을 듣고 찾아가 한 달 이상을 쫓아다녔다고 했다. 제발 체인점을 내게 해달라고 요청하고 또 요청했다고 했다. 그렇게 해서 허락을 받고 음식 만드는 노하우까지 배울 수 있었다는 것이다. 집요한 요청에 본점 주인이 굴복하고 만 셈이다.

알고 보니 송도점 주인은 외식업이 처음은 아니었다. 인근에서 퓨전음식점을 오픈했다가 별다른 재미를 보지 못하고 있던 중 속초코다리냉면 소식을 듣고 달려가 개업까지 하게 되었던 것이다. 주인은 송도점을 오픈하면서 불안감이 없지 않았다고 한다. 홍보 부족으로 사람들이 오지 않으면 어쩌나 했다. 그래서 할인권을 발행했는데 어쩌나 많이 몰려오는지 종업원들이 식사도 못하고 손님들을 맞이하고 있었다. 그리고 얼마 안 있어 근처에 송도 2호점을 더 크게 오픈했다. 지금은 양쪽 가게 모두 손님들로 가득하다. 본점 못지않게 줄을 서서 기다리는 고객들로 붐빈다. 대박을 친 것이다.

더 크게 더 빨리 성공하는 가장 좋은 방법은 해당 분야의 고수들에게 도움을 요청하는 것이다. 그들에게는 우리가 요청할 만한 무엇, 즉 모든 성패의 경험을 아우르는 내공과 성공 노하우가 있다. 그들의 노하우를 얻을 수 있다면 이미 절반의 성공은 거둔 셈이다. 그런데도 하수들은 자존심을 내세우며 요청하기를 거부한다. 고수가 되지 못하는 까닭이다. 간절하고 끈기 있는 요청이 하수를 고수로 만들고, 성공의 기쁨을 누리게 한다.

제자를 일으켜 세운
교수의 '따뜻한 요청'

나는 강의하거나 집필할 때 전주대학 외식산업학과 최동주 교수에 관한 이야기를 거의 빠뜨리지 않는다. 중학교 졸업→ 검정고시→ 대학 졸업→ 〈월간식당〉 기자→ 영국 교포식당 근무→ 영국 대학원 수학→ 대형 외식업체 이사→ 경영학 박사→ 외식업체 CEO→ 외식산업학과 교수 등 그가 살아온 과정을 큰 줄기로 나열만 해도 긍정과 적극성, 도전정신이 느껴지는 분이기 때문이다. 게다가 인품 또한 훌륭하다. 자수성가한 사람들에게서 흔히 보이는 아집과 독선은 찾아볼 수 없고 배려와 친절, 매너에다 학문적 열정, 혁신적 사고, 추진력, 사람을 감동시키는 네트워킹 기술, 제자에 대한 사랑이 가득하다. 살아 있는 인간 교과서라 해도 과언이 아니다.

┃ 은숙이를 도와주세요 ┃

최 교수가 가끔 보내오는 메일은 내게 자극을 주고 교훈을 주는 내 삶의 자양분이다. 어느 날 이런 사연을 담은 메일을 받았다.

서은숙(가명)이라는 제자가 최동주 교수의 연구실을 방문했다. 휴학을 하겠다는 것이었다. 대학에 입학하기 1년 전에 아버지가 돌아가시고 어머니와 함께 살았는데, 아버지를 잃은 충격이 채 가시기도 전에 어머니가 직장암 4기 진단을 받고 두 번이나 대수술을 받다 보니 가계가 완전히 기울어 도저히 학비를 감당할 수 없는 지경에 이르렀다는 것이었다. 더 이상 학업을 계속할 수 있는 여건이 아니었다.

최 교수는 은숙이와 함께 어머니를 문병하고 온 후 어떻게 하면 좋을까 고민하다가 평소 알고 지냈던 사람들에게 사정을 알리고 은숙이가 공부를 계속할 수 있게 도와달라고 말하는 것이 좋겠다는 결론을 내렸다. 그는 즉시 메일을 보냈고, 메일을 읽은 사람들 가운데 상당수가 온정의 손길을 보내왔다. 대학 졸업까지 정기적으로 후원하겠다는 분도 있었고, 장학회에 소개해서 장학금을 받을 수 있도록 주선하겠다는 분도 있었다. 평범한 직장인부터 전문직 종사자, 기업체 대표, 가족들까지 도움의 손길에 동참했다.

최 교수는 곳곳에서 답지한 후원금을 학교에 장학금으로 기탁하고 후원자들에게 기부금 영수증을 발행해주어 소득공제 혜택을 받을 수 있게 했는가 하면, 이후 지속적인 연락을 통해 후원금이 어떻게 쓰이고 있는지도 정확히 알려주었다.

은숙이는 최 교수를 비롯한 사람들의 도움으로 중단하려던 학업을 이어갈 수 있었고, 어머니에 대한 간호에도 더욱 정성을 기울이게 되었다. 그래서일까. 어머니의 병세가 호전되는 듯했다. 하지만 거기까지였다. 그 다음에 병실을 찾았을 때는 의식은 살아 있었지만 목소리가 가늘어져 있었다. 그리고 사흘 뒤 "혹시 제가 잘못되면 우리 은숙이를 잘 부탁합니다" 라는 말을 남기고 어머니는 눈을 감았다. 은숙이는 어머니를 떠나보낸 후 더욱 공부에 열중하여 좋은 성적을 거두었으며 공모전에 참여해서 입상 하는 등 모범적인 학교생활을 해나갔다.

최 교수는 다른 사람을 도와줄 때뿐 아니라 본인의 문제를 해결할 때도 도움이 필요한 사람에게 지혜롭게 요청하는 데 탁월함을 보여왔다. 그런데 특이한 점은 최 교수의 도움 요청을 받았던 사람들이 하나같이 최 교수를 좋아한다는 것이다. 나는 그 이유가 도움을 요청하기 전에 보여준 신뢰할 만한 태도와 언행일치의 삶, 요청의 과정에서 보여준 성실함과 열정, 뚜렷한 대의명분 등 훌륭한 인격 때문이라고 생각한다. 다시 말하면 받아들이기에 기분 좋은 요청을 하는 것이다.

얼마 전 원고를 쓰다가 내용에 혹시 오류가 있을까 하여 최 교수에게 봐달라고 전화했더니 기업체 대표들에게 연락하느라 무척 바쁘다고 한다. 제자들을 실습생으로 써보고 만족스러우면 급여+장학금으로 후원해 주십사 부탁하고 있었던 것이다. 그는 제자들의 학업과 생활 지도뿐 아니라 졸업 후 채용까지 챙기는 참 좋은 교수님이다.

요청에는 오로지 나만의 이익을 위한 '차가운 요청'과 타인을 위한 '따뜻한 요청'이 있다. 이타적인 요청은 하는 사람만이 아니라 받는 사람도 기분 좋게 만드는 힘이 있다. 확실한 명분이 있기 때문에 거절로 인한 상처를 받을 가능성도 적다. 세상은 냉혹하다지만 따뜻한 요청을 하는 최동주 교수 같은 분들 덕분에 살 만한 것 같다.

회사도 구하고,
아들의 마음도 바꾸고

아버지는 고생하면서 일군 중소기업을 물려주고자 했으나, 아들은 물려 받지 않겠다며 버텼다. 아버지는 전에 쓴소리를 해준 적이 있는 거래처 CEO를 찾아가 도움을 청했다. 그 덕분에 아들에게 자랑스러운 기업을 물려주는 데 성공했다.

플라스틱 엔지니어링업을 하는 김필모(가명) 사장은 어느 날 남동공단에서 사업체를 운영하는 리텍엔지니어링 이건직 사장을 방문했다. 이 사장은 오래전에 마모방지용 플라스틱 보호판을 납품하게 되면서 알게 된 사이였다.

한번은 회사 사정이 어려워져 불량 재질을 써서 만든 제품을 납품한 적이 있었다. 겉모습만 봐서는 알 수 없을 거라고 생각하여 취한 조치였다. 그러나 기술력이 뛰어난 이 사장은 불량품임을 직감하고 김 사장 앞에서 제품을 집어 던졌고 제품은 그 자리에서 박살이 나버렸다. 절대 깨지지 않아야 하는 제품인데 말이다. 불량 재질을 사용한 것이 탄로 난 김 사장은 얼굴을 들 수가 없었다. 그때 이 사장은 "다음부터는 이런 제품을 만들면 안 된다. 어려울수록 정도를 가야 한다"는 따끔한 충고의 말과 함께 없었던 일로 하겠다며 용서해주었다.

그 일을 계기로 김 사장은 정도 경영에 최선의 힘을 기울였다. 중도에 부도를 맞아 또 한 번의 어려움을 겪기도 했지만, 각고의 노력으로 잘 극복해내고 성장을 이루어 빚이 하나도 없는 건실한 사업체로 되돌려놓았다.

▌이런 회사를 어느 누가 승계하고 싶겠습니까 ▌

김 사장은 나이가 점점 들어가면서 이제는 아들에게 사업을 물려줘야 할 시점이 되었다는 생각이 들었다. 아들에게 그런 자신의 구상을 이야기했더니 아들은 물려받고 싶지 않다며 아버지의 뜻을 거절했다.

'내가 어떻게 일군 사업인데 이놈이 물려받을 생각을 하지 않는단 말인가.'

도대체 이해할 수가 없었다. 고민 끝에 어려울 때마다 도움을 주었던 이건직 사장을 찾아가 보기로 했다. 그러면 뭔가 좋은 방도가 있을 것 같았다. 고민을 듣고 난 이 사장은 직접 김 사장의 공장을 방문해서 살펴보고 싶다고 했다. 공장에는 위험한 도구들이 여기저기 제멋대로 방치되어 있었고, 직원들의 작업 방식 또한 매우 구태의연해 보였다. 반바지 차림의 반장이라는 사람도 도무지 일할 의욕이라곤 없어 보였고 어디 하나 체계적인 구석이라고는 찾아볼 수 없었다. 이 사장은 내가 자식이라도 이런 회사는 물려받고 싶지 않을 거라는 생각이 들었다.

이 사장은 김 사장에게 어떻게 말해야 할까를 생각하다가 솔직하게 알리는 것이 좋겠다고 판단하고는 자신이 공장에서 발견한 문제점들을 정리한 리포트를 보냈다. "지금의 회사를 물려주는 것은 아들에게 축복이 아니라 짐이다", "쓰레기를 물려주면 쓰레기 속에서는 희망을 찾을 수 없다", "지금의 공장을 보석 같은 존재로 만들어 물려주어야 아들이 희망을 찾을 수 있다" 하는 식의 강력한 어조였다. 동시에 작업 방식을 자동화하고 설비와 근무 환경을 개선할 수 있는 구체적인 아이디어를 제시했다. 이 사장은 이렇게 하는 것이 진정으로 김 사장을 돕는 것이라고 생각했고, 직접 입으로 말하기 어려운 내용이어서 글로 따끔한 충고를 했던 것이다. 컨설팅 비용 한 푼 안 받고 말이다.

리포트를 읽고 심한 충격을 받은 김 사장은 6개월 동안 이 사장에게 일절 연락하지 않고 지냈다. 그동안 공장 개선에 박차를 가했다. 그런 아버지의 모습을 보며 아들도 생각을 달리 먹게 되었다. 아들은 아버지에 의해 변화되어가는 환경을 지켜보면서 자부심과 희망이 되는 사업을 물려주겠다는 아버지의 진심을 읽을 수 있었다. 그리고 마침내 아버지의 회사를 물려받기로 결심했다. 이뿐만이 아니었다. 공장 환경이 개선되면서 직원들도 더 힘을 내게 되었고, 작업 방식이 개선되면서 품질과 생산성도 향상되었다. 대기업을 비롯한 거래처도 더 늘어나면서 지속적인 성장을 해나갔다. 지금은 아버지의 가업을 승계한 아들이 이건직 사장을 사업상의 멘토로 생각하고 수시로 자문을 요청하면서 행복한 경영을 해나가고 있다고 한다. 이 모두가 아버지의 요청으로부터 시작되었다.

만약 아버지가 자존심을 내세워 사업 파트너에게 자신의 고민을 털어놓지 않았다면 자신의 문제를 알아채지 못했을 뿐 아니라 환경 개선에 나서지도 않았을 것이고, 아들 또한 아버지의 뒤를 따르지 않았을 것이다. 용기 있는 아버지의 요청이 자신과 회사를, 그리고 아들까지 바꾼 것이다.

사람들은 의외로 자신의 문제를 모른다. 변화가 어렵고 성장이 잘 안 되는 이유도 여기에 있다. 이럴 때는 누군가에게 도움을 요청함으로써 자신의 문제를 파악하고 한계를 뛰어넘어 발전의 시동을 걸 수 있다. 요청은 나를 발전시키는 출발점이다.

동양인 최초로
요들송을 부르다

다음에 나오는 사례는 이미 졸저 ≪키맨 네트워크≫에서도 소개했고, 요청을 주제로 강의할 때마다 제일 많이 언급하게 되는 이야기다. 바로 우리나라에 요들송(yodel song)을 보급한 김홍철 선생의 스토리다.

　외교 관계도 수립되지 않고 통신 인프라조차 제대로 갖추어지지 않았던 시절, 그는 스위스 신문사의 이름과 주소만 알아내서 무작정 편지를 보내 도움을 요청한 결과 요들송을 배울 수 있게 되었다. 적극적인 그의 행동은 세대와 시대를 초월한 감동을 자아낸다. 그를 다시 소개하고 싶은 이유다.

▌선생님을 소개해주세요 ▌

김홍철 선생이 요들송에 입문하게 된 것은 중 1 때였다. 라디오에서 흘러

나오는 요들송을 처음 듣고는 신기하고 재미있어 배우고 싶은 마음에 흥 얼거리며 따라 불렀다. 하지만 당시에는 요들송을 가르쳐줄 선생도 공부 할 자료도 없었다. 국립도서관에 가서 자료를 찾아보았지만 '알프스 지방 의 목동들이 부르는 노래'라는 설명 외에는 더 이상의 정보를 구할 수 없 었다.

그는 신문사 조사과를 찾아가 취리히의 신문사에 대한 정보를 입수한 다음 영어 선생님에게 "요들을 배우고 싶은데 책이나 악보를 보내주면 고 맙겠다. 가르쳐줄 선생님이 있으면 소개해달라"는 내용의 편지를 영어로 써달라고 요청했다. 그리고 스위스의 신문사 6곳에 편지를 부쳤다. 사실 큰 기대는 하지 않았다. 그런데 뜻밖에도 〈타게스-안차이거〉 신문사 편집 장이 "자주 듣고 따라해보라"는 편지와 함께 악보와 요들송이 담긴 카세 트테이프를 보내주었다.

미지의 나라에서 온 화답에 신이 난 고등학생은 교회와 학교에서 틈이 날 때마다 테이프를 들어가며 연습을 거듭했다. 그러던 어느 날 다시 "요 들을 녹음해서 보내주면 전문가가 듣고 고쳐주겠다"는 내용의 편지를 받 았다. 그는 혼자 기타를 치면서 부른 요들을 녹음한 테이프를 고등학교 교 복을 입고 찍은 사진과 함께 스위스 신문사로 보냈고, 테이프를 받은 신문 사는 '동양인 최초, 한국의 킴(Kim)이 요들을 부르다'는 제하의 사연을 상 세히 소개했다. 방송국에서도 관심을 보여 그가 부른 노래를 방송했다. 신 문과 방송으로 사연을 접한 스위스 사람들은 금시초문의 나라 한국에 사 는 학생이 부르는 요들을 듣고 마냥 신기해하면서 뛰어난 실력에 놀라움 을 표했다. 신문사와 방송사에는 연일 이 학생을 초청해줄 것을 요청하는 전화가 쇄도했다.

1967년 스위스로부터 정식 초청장이 날아왔다. 김홍철은 1968년 4월 〈타게스-안차이거〉의 창립기념일에 맞추어 특별 게스트로 초청되어 요들의 본고장인 스위스에서 동양인 최초로 요들송을 부르는 영광을 안게 되었다. 약 6개월간 머물면서 요들 전문가로부터 집중적인 교육을 받고, 스위스의 곳곳을 방문하여 유명한 공연도 관람하고 TV에도 출연하여 유명 인사가 되었다. 모든 비용은 신문사와 스위스 관광청에서 부담했다. 이후 그는 세상에 알려진 대로 무(無)에서 시작해서 유(有)를 창조한 한국 요들의 개척자요 대부가 되었을 뿐만 아니라 이 땅에서 스위스 문화를 꽃피우는 홍보대사로 활약했다.

영원히 늙지 않을 것 같았던 그도 어느덧 백발이 성성한 노인이 되었다. 하지만 그는 여전히 젊다. 오늘도 요들을 통해 자연과 순수함을 노래하며 후배들을 양성하는 일에 열심이다.

개척자들에게는 도움이 될 만한 자원도 사람도 없었다는 공통점이 있다. 하지만 그들은 자신의 목표 달성에 필요한 것들을 도와줄 만한 대상에게 직접 요청하여 얻어냄으로써 사람들에게 새로운 세계를 제시해왔다. 요청은 무에서 유를 창조한다.

죽음의 문턱에서
생명을 깨운 기도 요청

갑자기 뇌수막염에 걸려 의식을 잃은 여인이 있었다. 그녀의 가족들은 교회의 담임목사에게 중보기도(교회 전체 혹은 국가나 타인을 위한 기도)를 요청했고, 목사는 다시 교회의 신자들에게 기도를 요청했다. 그리고 성도들은 하나같이 하나님께 이 여인을 살려달라고 간절한 요청의 기도를 올렸다.

▌어느 날 그녀에게 기적이 ▌

최근에 내가 다니는 교회에서 경험한 이야기다. 평소에 자주 만나 식사도 하고 대화도 나누는 분들 중에 민경천 권사(교회 직분 중 하나) 부부가 있다. 그런데 어느 날 교회에서 문자가 왔다. 민 권사가 중환자실에 입원해서 위독한 상태이니 전 교인이 중보기도를 해달라는 내용이었다. 기가 막혔다. 아직 젊고 유능한 분이 그렇게 됐다는 사실이 도저히 믿어지지 않았다. 가족들은 오죽했을까. 병원에 가보니 모두들 망연자실해 있었다.

민 권사는 뇌수막염으로 쓰러졌다. 세균 때문인지 바이러스 때문인지 알 수 없는 상태로 어떻게 될지는 의사들도 전혀 예측할 수가 없다고 했다. 다시 일어나기 어려울 것이라는 부정적 전망을 하는 사람도 있었다.

목사님은 설교 시간마다 신자들에게 그녀를 위한 중보기도를 해줄 것을 요청했다. 모든 신자들은 한마음으로 간절한 기도를 올렸다. 아침에 일어나서, 잠들기 전에, 그리고 틈틈이 그녀의 회복을 바라는 기도를 올리고 또 올렸다. 나는 기도와 함께 그녀에게 문자를 보내기도 했다. 비록 그녀가 읽을 수는 없겠지만 영적으로 간절한 마음이 전해질 것이라는 기대를 가지고 반드시 회복할 수 있다는 용기를 주고 싶어서였다.

그런데 기적처럼 그녀가 말을 알아듣기 시작하고 반응도 보인다는 이야기가 들려왔다. 상태가 호전되어 눈도 뜨고 부정확하지만 말을 하기 시작했다고 했다. 의사는 중환자실 환경이 환자에게 나쁜 영향을 줄 수 있으므로 일반 병실로 옮기는 것이 낫겠다고 했고, 병실을 옮기고 나서 문병을 가니 그녀가 나를 알아보고 눈물을 흘리면서 감사하다고 말했다. 그러면서 입원 초기에 말도 못하고 눈도 뜨지 못했지만, 의식은 살아 있어 주위에서 하는 말들을 듣고 있었다고 했다. 오로지 중환자실을 벗어나야 한다는 열망으로 속으로 쉼 없이 기도했다고 했다.

그날 집에 돌아와 그녀가 하루빨리 낫기를 기원하는 기도문을 작성하고 액자에 담아 병실에 전해주었다.

주님!

당신의 사랑하는 딸이 아픕니다.

삶의 저 끝까지 가서도 당신의 사랑과 은총을 기다리며 기도했습니다.

세상과의 소통이 단절된 그 시간에 세상은 알지 못하는 당신의 음성을
들었습니다.

처절한 고독과 아픔이 이제는 당신에 대한 확신으로 승화되었음을 감사
합니다.

아직 시선은 희미하지만 영의 눈으로 더 밝은 것을 볼 수 있게 하셨고

비록 몸은 쇠약하지만 더욱 강해진 영의 능력을 갖게 하셨습니다.

그러나 이제는 일어나야 할 때입니다.

치료 과정에 함께하셨던 당신의 손길과 음성을

더 많은 사람들에게 전할 수 있도록 완전한 사랑으로 인도하셔서

믿음의 증거가 되는 삶을 살게 하소서.

당신의 딸이 더 이상 아프지 않게 속히 치료하여주옵소서. 아멘.

2013년 7월 22일 23시 53분

이 글이 민 권사님께 힘이 되고 치료 기간이 단축되기를 기원하며

그녀는 8월 11일 가족들의 부축을 받으며 교회에 나왔다. 중환자실에 입원한 지 약 61일 만이었다.

기독교인이라면 하나님의 능력으로 병이 치료되는 기적을 믿는 것이 정상이지만, 나는 지금까지 그러지 못했다. 누군가가 위독할 때 기도하면서 머리로는 믿었지만 가슴으로는 믿지 않았고, 그다지 간절하게 기도하지도 않았던 것 같다. 하지만 그녀를 위해서는 가슴으로 열심히 기도했다. 그렇게 하지 않으면 잘못될지도 모른다는 절박감이 들었던 모양이다. 그것이 도리라고 생각했는지도 모른다. 그래서일까. 주치의는 뇌수막염으로 의식을 잃었던 환자가 후유증 없이 이렇게 회복된 것은 기적 같은 일이라고 했다. 그녀는 아직 완벽하지는 않지만 봄이 되면 성지순례 여행을 가겠다는 의지를 불태울 수 있을 정도로 빠른 회복 속도를 보이고 있다.

나는 이번 일을 통해 누군가에게 중보기도를 요청하는 것의 위력을 실감하게 되었다. 그동안은 반신반의한 적도 있었고, 개인적인 일로 담임목사를 찾아가 기도를 부탁하는 것에 대해서도 매우 이기적인 일로 치부했다. 공동체나 타인이 아닌, 나를 위한 기도를 요청하는 것은 염치없는 일이며 목회자를 피곤하게 하는 일이라 여겨 웬만해서는 기도를 요청하지 않았다. 그런데 아니었다. 목회자를 나의 영적 지도자로 생각한다면 나를 위해 기도해달라고 요청하는 것이 매우 당연하고도 중요하다는 점을 깨달았다.

요청은 기적을 낳는다. 모두의 요청은 하나님도 움직일 수 있다.

트랙터 세계 여행은
어떻게 가능했을까?

교원대학교 체육교육학과를 수석 졸업했지만 교사의 길을 접고 농부가
되겠다고 결심한 후 트랙터를 타고 전국을 일주하고, 터키를 거쳐 중국 대
륙을 종단한 젊은이가 있다. 경남 하동 출신의 강기태 씨가 그 주인공이다.

그는 대학 4학년 때 체 게바라가 오토바이를 타고 남미를 여행한 것을
소재로 만든 영화 〈모터사이클 다이어리〉를 보고 반해서 20대에는 여행
을 하면서 보내겠다고 마음먹고 농부의 아들답게 트랙터로 여행을 해보
자는 계획을 세웠다.

2008년 6월 ROTC 육군 중위로 제대한 뒤 2개월여 동안 후원자를 찾
다가 동양물산기업이란 곳에서 트랙터와 기름값을 제공받아 9월부터 6
개월간 트랙터를 타고 전국 5,000여 km를 일주했다. 그리고 그 경험을
토대로 ≪180일간의 트랙터 다이어리≫라는 책을 썼다. 신문과 방송을
통해 그의 이야기가 알려지기 시작했고, 많은 사람들이 그에게 격려의 박

수를 보냈다. 그는 일거에 인기 강사가 되었다.

❚ 혼자서 이룰 것은 아무것도 없다 ❚

2012년에는 터키의 농촌을 트랙터로 누비고 다녔다. 대한민국 국기와 터키 국기를 함께 걸어놓고 구석구석을 여행했다. 좁은 운전석에 앉아 느린 속도로 터덜거리며 하루 종일 돌아다니다 보면 지루하고 피곤했을 법한데도 그는 시간 가는 줄 모르고 여행 내내 행복한 경험을 많이 했다고 한다. 그의 트랙터 일주 소식을 접한 20여 곳의 언론사가 인터뷰를 통해 그의 행적을 알리면서 가는 곳마다 그를 알아보는 사람들이 친구의 나라에서 온 이색 청년을 반갑게 맞아주었기 때문이다. 반갑게 손을 흔들면서 환영해주는 사람들, 차와 식사를 대접해주는 사람들을 만나 세상의 따뜻한 인정을 느꼈다. 농부들과 함께 오이를 따거나 토마토를 팔기도 했다. 양치기를 만나 함께 양들에게 풀을 먹이며 그들과 하나 되는 체험을 하며 많은 것을 배웠다. 특히 세상은 혼자 살아갈 수 없다는 소중한 진리를 몸소 체득했다.

"세상은 절대 혼자 살아나갈 수 없다는 사실을 항상 느낍니다. 전에는 공부를 잘하거나 잘나거나 능력이 뛰어나면 혼자서 뭐든 할 수 있다고 생각했습니다. 이제는 어떤 일을 하든지 서로 도와야 한다는 사실을 알게 되었습니다. 또 가장 평범한 사람들의 의견에 귀를 기울여야 한다는 것도 배웠습니다. 저는 터키에서 만난 사람들의 친절과 호의 덕분에 제 꿈을 이뤄나가고 있습니다. 저 혼자 잘나서 할 수 있는 것은 아무것도 없고, 이분들이 건네주는 물 한 잔, 과일 한 쪽 같은 작고 소소한 것들이 모여서 저의 원동력이 된다는 사실을 깨달았습니다."

그렇다면 그는 이 모든 일들을 어떻게 이룰 수 있었던 것일까? 그는 40쪽짜리 여행계획서를 만들어 전국의 농기계회사와 관련 학과의 교수들에게 도움을 요청했다. 계획서를 본 교수들과 회사들은 젊은이의 생각이 기특하다고 생각하여 스폰서를 자청하고 나섰다. 중국 시장에서 농기계 매출을 확대할 계획을 가지고 있었던 LS엠트론은 그의 제안을 매력적으로 받아들여 6,000만 원 상당의 트랙터와 경비 일체를 후원하기도 했다.

터키 여행을 마친 강기태 씨는 중국 농업의 중심지인 동북 3성의 헤이룽장, 지린, 랴오닝을 출발하여 네이멍구자치구를 거쳐 남단의 광시좡족자치구까지 6,700km를 종단하는 대장정을 실행했다. 이다음에는 리어카로 실크로드를 여행하겠다고 하는데, 과연 그의 도전이 어디까지일지 자못 궁금하다.

요청은 이처럼 트랙터 세계 여행도 가능케 한다. 여행이든 뭐든 명분 있는 계획을 가지고 있다면 세상에 도움을 요청해보라. 분명 어딘가에는 당신의 계획에 감동하고 후원하려는 사람이 있을 것이다.

세상을 변화시킨
젊은 장교의 편지

최영환은 포항의 한동대학 출신이다. 그는 학교를 다니는 4년 동안 강의실과 계단 등에 붙어 있는 '세상을 변화시키자(Why not change the world?)'라는 문구를 보면서 자신도 세상을 변화시키겠다는 꿈을 키웠고, 사람들에게 도움과 동참을 요청하여 그 꿈을 달성하게 되었다.

▌ 가상대학의 교수를 모십니다 ▌

원래 최영환은 한국에서 가장 커뮤니케이션을 잘하는 사람이 되겠다는 목표를 세웠다. 그러나 장교로 입대해서 배치받은 부대는 최전방의 GOP. 컴퓨터도 핸드폰도 없는, 그야말로 세상과 완전히 단절된 곳이었다. 그곳에서 밤하늘의 별을 보며 혼자 상상을 했다. 가상대학을 만들어 군 생활을 통해서도 정말 가치 있고 소중한 것들을 배울 수 있다는 것을 알려주면 어떨까?

문제는 가르침을 줄 교수들을 모시는 일이었다. 그는 식반에 보급품으로 나온 우유곽을 보고 아이디어를 떠올렸다. 우유곽을 깨끗하게 씻어 말린 후 국내외의 유력 인사들에게 가상대학의 교수가 되어줄 것을 요청하는 편지를 정성스럽게 쓰기 시작했다. 그리고 그들로부터 인생의 소중한 교훈들이 담긴 답장을 받아 병사들과 공유했다. 그의 이야기에 감동한 육군 참모차장도 이 일을 거들겠다고 나섰다. 추천서를 써주며 이 프로젝트에 협력해줄 것을 요청하기도 했다.

제대 후에는 전 세계를 돌아다니며 사람들을 인터뷰했다. 비행 거리만 약 50,000km에 달하는 쉽지 않은 행군이었다. 그는 ≪긍정의 힘≫의 저자 조엘 오스틴 목사, 박원순 희망제작소 상임이사, 이채욱 인천국제공항공사 대표 등을 만나 인터뷰한 내용을 바탕으로 2010년 10월 ≪우유곽 대학을 빌려드립니다≫라는 책을 내기도 했다.

▌아프리카에 희망을 심다 ▌

2009년 7월, 최영환은 세계를 변화시킬 적임지로 세계의 중심 뉴욕을 선택했다. 그는 그곳에서 세상을 변화시키자는 비전과 열정을 가진 젊은이들을 연결해주는 회사 엠트리(M-tree)를 설립했다. 비영리법인인 M-tree는 '겨자씨나무(Mustard tree)'라는 뜻으로, 매우 작지만 나중에 큰 나무로 성장하는 겨자씨처럼 지금은 비록 미약하지만 세상의 젊은이들을 연결하여 장차 더 큰 꿈으로 세상을 변화시키겠다는 의지가 담겨 있다. 그는 회사 설립을 준비하면서 뉴욕의 각계각층 사람들을 만나 비전을 설명하며 이사진으로 참여해줄 것을 요청했고, 한인 2세 4명을 비롯하여 많은 사람들의 참여와 협조를 이끌어냈다.

M-tree는 뉴욕과 파리의 화가, 디자이너 들에게 아프리카에 희망을 심어주는 프로젝트에 동참해줄 것을 요청하고 서아프리카 배냉공화국에서 'Brush with hope(희망의 붓)'이라는 이름으로 아이들에게 미술을 가르치는 활동을 시작했다. 방식이 특이했다. 아이들에게 노란색을 보여주며 옐로(Yellow)라고 가르치지 않고 어떤 느낌이 드는지를 자유롭게 이야기하고 느끼게 하는 식의 창조적인 방법으로 미술을 접하도록 했다. 태어나서 처음으로 붓을 잡아본 아이들이 자기 내면에 숨어 있는 예술적 감각들을 자연스럽게 끄집어낼 수 있도록 이끌었다. 아이들의 호응은 뜨거웠다. 그중에는 그림에 천부적인 재능을 가진 아이도 있었다. 최 대표는 아이들이 손수 그린 그림들을 뉴욕으로 가져와 전시회를 개최하고 여기서 나온 수익금으로 아프리카 어린이들을 위한 교육사업을 활발히 전개하고 있다.

꿈은 있지만 가진 것이 없어 이룰 수 없다고 말하는 젊은이들이 많다. 하지만 찾아보면 나의 꿈을 이루도록 도와줄 사람들을 만날 수 있다. 그들을 찾아 나서는 용기와 요청의 열정만 있다면 얼마든지 꿈을 이루고 세상을 변화시킬 수 있다.

부록

POWER OF ASKING

AQ로 살아라

IQ(Intelligence Quotient, 지능지수)는 한 개인의 능력을 평가하는 척도로 가장 많이, 오랫동안 사용되어왔다. 초등학교 시절 선생님의 수첩에는 반아이들의 이름과 IQ가 적힌 리스트가 있었다. 선생님들은 대부분 그 IQ를 신봉하여 IQ가 높은 친구가 질문하거나 답변하면 "역시 똑똑하군" 하며 예뻐했고, 인간성도 좋다고 간주해버리곤 했다. 반면에 IQ가 낮은 친구들은 바보 취급을 하기 일쑤였다. 어쩌다 좋은 성적을 내기라도 하면 '어떻게 이런 성적이?' 하며 의심의 눈초리를 거두지 않았다.

IQ는 프랑스의 심리학자인 알프레드 비네가 1905년에 학습 불능 어린이나 정신지체아를 식별하기 위해 고안한 것으로, 이후로 학자들에 의해 IQ를 측정하는 요인이 심화되고 검사 방식이 진화하면서 현재에 이르렀다. 하지만 IQ는 그 유용성에도 불구하고 인간의 다양한 능력을 평가하기에는 한계가 있다는 주장이 제기되기 시작했다.

▌EQ와 SQ ▌

1995년 미국 심리학자 다니엘 골먼이 ≪EQ 감성지능≫이라는 책에서 뇌와 행동 연구 결과를 토대로 IQ가 높은 사람이 성공하지 못하는 이유와 IQ가 낮음에도 불구하고 예상과 달리 성공하는 이유가 무엇인지를 설명하면서 EQ(Emotional Intelligence Quotient, 감성지능)라는 개념을 제시했다. 즉 자신과 타인 사이에 주고받는 느낌이나 감정을 잘 관찰하고 식별하여 주변의 정보를 활용하는 능력이 직장생활, 인간관계, 교육과정의 성패를 좌우하는 요건이라는 사실을 밝혀냈다. 그는 "지금까지 IQ에 대한 관심, 즉 이성적 기준으로만 지성의 가치와 중요성을 강조해왔으나, 감정에 의해 통제되지 않는 지성은 아무런 소용이 없다"고 주장했다. 이 책의 출간을 계기로 EQ가 IQ를 대체할 수 있는 기준으로 새롭게 떠오르며 세계적인 EQ 열풍을 불러일으키게 되었다.

골먼은 이후에 다시 ≪SQ 사회지능≫이라는 책을 통해 인간의 지능이 IQ에서 EQ로, 그리고 다시 SQ(Social Intelligence Quotient)로 진화하고 있다고 주장했다. SQ는 상대방의 감정을 잘 이해하고 어울리는 능력을 나타내는 개념으로, 사실 감성지능과 사회지능은 별개의 것이라기보다 관심의 차원이 확대되었다고 볼 수 있다. 감성지능이 개인의 감성과 긍정적 인간관계를 위한 내적 잠재력을 다루는 개인의 능력에 초점을 맞춘 것이라면, 사회지능은 개인에 한정된 심리학의 차원을 넘어 서로 다른 우리가 연결되었을 때 일어나는 모든 일을 아우르는 개념이다. SQ와 유사한 개념으로 NQ(Network Quotient, 네트워크지수)가 있는데, 네트워크를 얼마나 잘 만들고 유지하고 관리하는가를 나타낸다.

Q의 진화

IQ	⇨	EQ	⇨	SQ	⇨	AQ
지능		감성지능		사회지능		요청지능

▎SQ보다 AQ ▎

문제는 머리도 좋고 감성 능력도 좋고 인간관계도 좋은데, 각자가 보유하고 있는 자원을 동원하지 못하는 경우다. 이유는 여러 가지가 있지만, 요청에 미숙한 것을 가장 큰 이유로 들 수 있다. 개인의 차원뿐 아니라 조직의 차원에서도 성장과 발전을 추구하려면 사람들의 협력이 절대적으로 필요하다. 요청을 통해 그들의 도움을 이끌어내야 한다. 요청하지 않으면 좋은 관계는 유지될지 몰라도 필요한 도움을 받을 수는 없다.

사람들이 갖고 있는 자원을 동원하여 가치 있게 활용하려면 'AQ(Asking for Help Quotient, 요청지수)'가 필요하다. AQ는 요청을 효과적으로 수행하는 능력을 나타내는 개념으로 아직은 생소한 개념일 수 있다. 참고로 이 책에서 제시하는 AQ는 통계적 검증을 거친 객관화된 지수가 아니라 검사 용도로 개발되었다는 것을 밝힌다.

AQ는 에이서(ASER, Attitude-Skill-Execution-Reflection), 즉 태도, 기술, 실행, 성찰로 구성되며 다음과 같은 요인들을 포함하고 있다.

• 태도(Attitude) : 삶에서 요청이 얼마나 중요한지를 깨닫고 긍정적 생각과 열정적 자세로 임하는 정도

① 중요성 인식 : 성공을 위해서는 타인의 도움이 필요하다고 느끼는 정도

② 주도성 : 다른 사람의 눈치를 살피지 않고 스스로 결정하고 책임질 줄 아는 정도

③ 긍정성 : 환경을 긍정적으로 해석할 줄 아는 정도

④ 자신감 : 요청한 것은 반드시 이룰 수 있다고 확신하는 정도

⑤ 열정 : 원하는 것을 반드시 이루고 말겠다는 강한 의지의 정도

• 기술(Skill) : TPO(Time, Place, Occasion)에 맞춰 상대방과 신뢰를 유지하면서 효과적으로 요청할 줄 아는 능력

① 신뢰성 : 대인관계에서 일반적으로 신뢰를 받고 있는 정도

② 설득력 : 상대방의 마음을 움직이기 위해 유창하게 설명할 수 있는 정도

③ 유연성 : 상대방의 다양한 욕구에 대응하여 요청의 기술을 탄력적으로 적용하는 정도

④ 감정 통제 : 화가 나는 상황에서도 흥분하지 않고 침착하게 대응할 수 있는 정도

⑤ 경청 : 상대방의 의도를 정확하게 파악하기 위해 주의를 기울여 듣는 정도

• 실행(Execution) : 실제로 요청을 대담하게 실행하면서 성공 경험과 자신감을 축적하는 정도

① 대담성 : 거절을 두려워하지 않고 대담하게 요청할 줄 아는 능력의 정도

② 액션 : 좋은 생각을 즉각 행동으로 옮길 수 있는 정도

③ 인내심(끈기) : 거절을 당하더라도 포기하지 않고 다시 한 번 요청할 수 있는 능력의 정도

④ 성공 경험 : 요청을 통해 경험했던 긍정적인 경험의 정도

⑤ 준비성 : 요청의 효과성을 높이기 위해 실행에 앞서 철저하게 준비하는 정도

• 성찰(Reflection) : 요청 후에 자신을 반성하고 다음 단계의 요청을 위해 더 발전된 모습을 추구하는 정도

① 현상 파악 : 요청에 관한 개인적 경험들을 수집하고 관리하여 자신의 현재 상태를 알고자 노력하는 정도

② 자기 지향성 : 문제의 원인을 자신에게서 발견하려는 정도

③ 학습 능력 : 요청에 실패했을 때 이를 통해 교훈을 발견하고 같은 실패를 하지 않도록 개선하는 정도

④ 발전성 : 요청의 기술이나 자신감이 이전보다 나아지고 있다고 느끼는 정도

⑤ 피드백 : 도움을 준 사람들에게 결과를 알려주거나 연락을 통해 더 큰 도움을 이끌어낼 수 있게 관리하는 정도

AQ(Asking for Help Quotient) 진단지

:

다음의 질문을 읽고 해당하는 부분에 표시하시오.

① 전혀 그렇지 않다 ② 그렇지 않다 ③ 보통이다
④ 그렇다 ⑤ 거의 항상 그렇다

(　) 1. 성공하려면 타인의 협력을 요청할 줄 알아야 한다고 믿는다.

(　) 2. 타인의 시선에 신경 쓰지 않고 스스로 결정하고 결과에 책임질 줄
　　　 안다.

(　) 3. 비록 어려운 일이 있더라도 이를 긍정적으로 해석할 줄 안다.

(　) 4. 요청하면 원하는 결과를 얻을 수 있다는 확신을 갖고 있다.

(　) 5. 도움을 요청할 때는 진정성과 열정을 갖고 상대방을 대한다.

❶ 소계(1–5) : _____점, 태도(Attitude)

(　) 6. 주위 사람들은 나를 신뢰할 만한 사람으로 평가한다.

(　) 7. 상대방이 내 말에 수긍하도록 설명하는 능력이 있다.

(　) 8. 내 스타일을 고집하지 않고 상대방의 스타일에 맞추어 유연하게 대응할 줄 안다.

(　) 9. 상대방의 실수로 화가 날 수 있는 상황에서도 감정 컨트롤을 잘하는 편이다.

(　) 10. 상대방의 이야기를 잘 들어 그가 원하는 것이 무엇인지를 정확하게 파악할 줄 안다.

❷ 소계(6~10) : _____점, 기술(Skill)

(　) 11. 누군가에게 도움을 요청하는 일은 그렇게 두려운 일이 아니다.

(　) 12. 도움이 필요할 때는 머뭇거리지 않고 도움을 요청할 줄 안다.

(　) 13. 거절을 당했어도 쉽게 포기하지 않고 다시 요청할 줄 안다.

(　) 14. 도움을 요청해서 성공한 경험이 꽤 많은 편이다.

(　) 15. 요청을 하기에 앞서 철저하게 준비하는 편이다.

❸ 소계(11~15) : _____점, 실행(Execution)

(　) 16. 요청에 관한 개인적 경험들을 수집하여 자기 발전의 기회로 활용하고 있다.

(　) 17. 요청에 실패한 이유는 나에게 있다고 생각한다.

(　) 18. 요청에 실패했을 경우 왜 실패했는지 반성하고 원인을 분석한다.

(　) 19. 요청을 실행할수록 나는 더 발전하고 있다고 생각한다.

(　) 20. 도와준 사람들에게 피드백을 하는 등 사후 관리를 잘하는 편이다.

❹ 소계(16-20) : _____점, 성찰(Reflection)

총계 : _____점

아래의 레이더 차트에 해당 점수를 기록한 후 선으로 연결하시오.

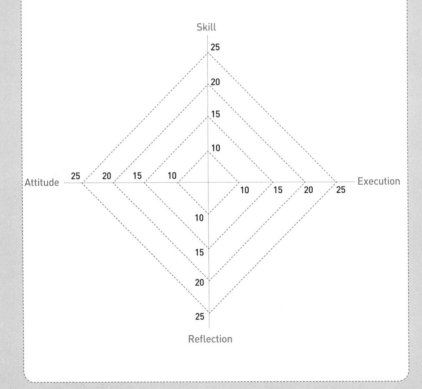

- 60점 이하 : 매우 부족

요청 능력이 매우 부족합니다. 먼저 요청에 대한 두려움을 극복하는 일이 중요합니다. 아주 작은 요청부터 실천해보십시오. 그렇게 해서 얻어진 성공 경험을 토대로 조금 더 큰 요청을 실행하다 보면 점점 발전하는 자신을 발견할 수 있을 것입니다. 요청해서 손해 볼 것은 아무것도 없습니다. 용기를 갖고 도전해보시기 바랍니다.

- 61~69점 : 부족

아직은 부족한 수준입니다. 요청의 중요성은 알지만 실제로 요청하는 일은 두렵고 어렵다고 생각하고 있습니다. 요청을 해서 얻는 이익과 손해 보는 것을 적어본 다음 손익계산서를 작성해보십시오. 그리고 요청해보십시오. 의외로 요청이 어렵지 않다는 것을 알 수 있을 것입니다. 요청에 대해 조금 더 관심을 갖고 실행해보시기 바랍니다.

- 70~79점 : 보통

  평균적 수준의 요청 능력을 보유하고 있습니다. 하지만 평균적 수준으로는 위대함에 이를 수 없음을 인식하고 현재의 수준보다 좀 더 향상된 목표를 정해 노력한다면 좋은 결과가 있을 것입니다.

- 80~89점 : 우수

  우수한 수준의 요청 능력을 보유하고 있습니다. 기본적으로 요청에 대한 태도와 기술이 우수하고 성공 경험이 많아 조금 더 성찰의 노력을 기울인다면 요청의 챔피언이 될 가능성이 높습니다.

- 90점 이상 : 매우 우수

  요청 능력이 매우 탁월한 수준입니다. 보통 사람들과는 차별화된 요청에 대한 태도와 실행의 성공 경험, 그리고 발전을 위한 지속적인 성찰의 결과라고 생각합니다. 현재의 노력을 지속하고 보완한다면 더 큰 성공과 성취로 행복한 삶을 만들어가는 주인공이 될 것입니다.

작은 요청부터 시작하라

지금까지 몇 권의 책을 출간했다. 흔히 이야기하듯 1쇄로 끝나 실패한 적
은 한 번도 없었다. 책마다 판매부수에 영(O)이 4개 혹은 그에 근접한 숫
자가 붙을 정도로 제법 많은 독자들이 책을 사주었다. 사람들이 비결이 무
엇이냐고 묻는다.

나는 한 번도 글을 잘 쓴다고 생각해본 적이 없다. 정말 글을 잘 쓰는 분
들의 명저를 읽고 나서 "책 함부로 내지 말자"는 말을 나 스스로에게 한두
번 한 것이 아니었다. 내 글은 수려하지도 않고 깊이도 부족하다. 어린 시
절의 앨범을 들춰보며 '참 촌스러웠네' 하고 생각하게 되는 것처럼 책을
출간하고 나서 몇 년 뒤에 다시 읽어보면 '내가 이런 한심한 책을 썼단 말
인가' 부끄러워 얼굴이 화끈거릴 때가 많았다. 그럼에도 불구하고 독자들
이 나의 책을 사서 읽은 이유가 무엇일까?

곰곰이 생각해보니 내게는 강의실이라는 현장이 있었다. 나는 책을 쓰

고 나서 그 내용을 강의하는 스타일이 아니라 일상에서 경험하고 발견한 내용들을 강의에 적용해보고 나서 교육생들의 반응이 좋으면 그것을 책으로 내는 스타일이다. 그러니 강의실은 내 책의 테스트 마켓(Test Market)인 셈이다. 기업들이 테스트 마켓에서 성공한 후 세계 시장을 두드리는 것처럼, 수많은 교육을 통해 검증된 내용들을 책으로 엮다 보니 독자들에게 호소력이 있었던 모양이다.

이번에도 마찬가지다. 지난 수년 동안 강의 현장에서 교육생들을 감동시킨 내용에다 일부 다른 내용을 추가, 보완하여 원고를 썼다. 막상 원고를 다 쓰고 나니 역시 나는 글쓰기보다 말하기가 더 편하다는 생각이 든다.

한편으로는 걱정되는 일도 있다. 혹시 이 책이 독자들에게 알라딘의 램프처럼 '요청'으로 모든 문제를 해결할 수 있다는 환상을 심어주는 것은 아닐까 해서다. 독자들이 꼭 명심해주었으면 하는 것이 있다.

첫째, 여기에 인용된 사례는 모든 사람에게 동일하게 유효하지는 않다는 사실이다.

성공학이나 긍정 심리에 관한 강의를 듣거나 책을 읽은 사람들 가운데 이른바 '파랑새 증후군(Bluebird Syndrome)'에 빠져드는 경우가 있다. 그 순간에는 가슴이 벅차오르고 '나도 이렇게 하면 되겠구나' 생각하여 현실을 도외시한 채 이상만을 추구하다 삶의 자리로 돌아와서는 큰 허무감에 빠져 오히려 전보다 더 자포자기하고 마는 것이다.

'요청'도 마찬가지다. 성공 스토리를 접하면 요청으로 모든 것을 해결할 수 있을 것 같은 기대와 자신감으로 충만해진다. 그러나 현실은 그렇게 녹록지 않다. 요청하는 순간의 상황이나 요청자나 후원자가 추구하는 가치, 성격적 특성과 처지가 각기 다르기 때문에 타인의 성공 사례가 나에게 그대로 유효하지 않을 수 있다. 사례의 주인공처럼 그대로 적용하는 것이 중요한 것이 아니라 그 속에서 교훈을 발견하고 내 상황에 맞게 적용하는 유연함이 필요하다.

둘째, 요청은 타고나는 것이 아니라 누구나 학습 가능한 '기술'이라는 사실이다.

"저는 성격이 내성적이라서 요청을 잘할 수 있을지 모르겠습니다"라고 말하는 사람들이 있다. 요청의 챔피언들은 모두 외형적 성격일 것이라는 생각을 가지기 쉽지만, 실제로는 그렇지 않다. 그들 가운데도 일반 사람들과 같은 비율로 다양한 성격 유형이 존재한다. 요청은 성격의 문제가 아닌 '태도'와 '기술'에 관한 문제다. 태도와 기술은 타고나는 것이 아니라 개인의 노력으로 얼마든지 변화, 발전시켜나갈 수 있다. 운동을 시작했다고 금방 근육이 생기는 것은 아니다. 하지만 꾸준히 운동을 하다 보면 어느새 복근이 생기고 팔뚝이 강해지는 것처럼 요청의 태도와 기술도 공부와 훈련을 통해 향상된다.

모든 새로운 시도는 어설프고 효과도 느리게 나타난다. 시행착오도 적잖이 겪게 된다. 하지만 그러한 시도가 있기에 위대함에 이를 수 있는 것이다. 세계적인 경영사상가 말콤 글래드웰도 그러지 않았는가. 각 분야의 탁월한 업적을 내는 사람들에게서 발견되는 공통의 법칙 중 하나가 '1만 시간의 법칙'이라고. 1만 시간의 집중적인 노력이 있어야 내공을 인정받는 전문가가 될 수 있다는 말이다.

요청도 마찬가지다. 한두 번 시도해보고 안 된다고 포기해서는 아무것도 얻을 수 없다. 수많은 시도와 끊임없는 학습을 통해 자연스러움의 경지에 이를 수 있다. 거창하고 어려운 요청이 아니어도 좋다. 작은 요청부터 시작해보라. 가족, 상사, 후배, 친구, 이웃에게 요청을 시도해보라. 지금 내가 요청할 수 있는 것이 무엇인가를 적어본 다음 연락해서 도움을 요청해보라. 돌아오는 대답은 의외로 No보다 Yes가 더 많을 것이다.

셋째, 준비 없는 요청은 재앙을 초래할 수 있다.

이 책에서 '무조건' 요청으로 운명을 바꾼 주인공들을 소개했다. 그러나 모든 요청이 그런 식의 성공을 거두는 것은 아니다. 요청의 결과는 내가 아니라 상대방이 결정하기 때문이다. 따라서 준비가 필요하다. 그가 내게 줄 수 있는 것은 무엇인지, 그가 지향하는 것은 무엇인지, 그리고 요청을 통해 실제로 얻을 수 있는 이익은 무엇인지 면밀하게 살펴야 한다. 또한 거절을 당했을 때 어떻게 대응할지, 거절 후에 다시 요청한다면 어떻게 전보다 더 나은 모습으로 상대방의 마음을 사로잡을 수 있을지를 준비해야 한다. 무엇보다 내가 줄 수 있는 것을 준비하는 것이 중요하다. 내가 줄 것이 많을수록 상대방이 나를 신뢰하고 요청을 수락할 가능성이 높아진다. 그에 반해 준비 없는 요청은 자신이 알고 상대방이 알아본다. 결과적으로 재앙을 초래하게 된다.

책을 다 쓰고 나서 느끼는 소감은 언제나 비슷한 것 같다. 많이 부족하다는 느낌이다. 그럼에도 불구하고 독자들의 혜량(惠諒)을 기대하며 세상에 내놓는다. 다음에는 더 많은 이론과 실천을 겸비하여 더욱 체계화된 내용으로 독자들에게 보답할 것을 약속드린다.

이 책의 출간을 앞두고 가슴 아픈 소식이 들려왔다. 반지하에 세 들어 살던 세 모녀가 '죄송합니다'라는 글과 함께 마지막 집세 70만 원을 봉투에 넣어둔 채 동반 자살했다고 한다. 생활고로 고통을 겪다가 가족들이 함께 생을 마감하는 비극이 이곳저곳에서 일어나고 있다. 몇 해 전에도 한 유망 여성 작가가 생활고와 굶주림, 질병에 시달리다 죽음을 택하여 온 국민이 안타까워했던 적이 있다.

복지의 사각지대를 방치한 우리 현실에 분노하면서 또 다른 한편으로 이들이 '요청의 힘'을 알았더라면 하는 아쉬움이 든다. 주민센터에 가서 긴급복지를 요청하거나 주변 사람들에게 좀 더 적극적으로 도움을 청했더라면 어땠을까 해서 말이다. 그랬다면 적어도 최악의 상황은 피할 수 있지 않았을까?

나는 신이 우리를 이 땅에 보낼 때 혼자 보내지 않고 도와줄 누군가를 함께 보내주었다고 믿는다. 혼자 힘들어하지 말라는 말이다. 누군가는 신의 명령에 따라 나를 도와줄 준비가 되어 있다. 그러니 망설이지 말고 용기를 내어 요청해보기 바란다.